한권 한달 완성
프랑스어 말하기
Lv. 2

**한권 한달 완성
프랑스어 말하기 Lv. 2**

초판 1쇄 발행 2025년 11월 28일

지은이 노민주(주미에르)
펴낸곳 (주)에스제이더블유인터내셔널
펴낸이 양홍걸 이시원

홈페이지 www.siwonschool.com
주소 서울시 영등포구 영신로 166 시원스쿨
교재 구입 문의 02)2014-8151
고객센터 02)6409-0878

ISBN 979-11-7550-031-0 13760
Number 1-520404-31319920-08

이 책은 저작권법에 따라 보호받는 저작물이므로 무단복제와 무단전재를 금합니다. 이 책 내용의 전부 또는 일부를 이용하려면 반드시 저작권자와 ㈜에스제이더블유인터내셔널의 서면 동의를 받아야 합니다.

한권 한달 완성
프랑스어 말하기 Lv. 2

노민주(주미에르) 지음

ⓢ 시원스쿨닷컴

머리말

안녕하세요.
시원스쿨 프랑스어 강사
노민주(주미에르)입니다.

하나의 언어를 배운다는 것은 참 어려운 일인 것 같습니다. 왜 어려운 것인지 생각해 보았는데요. 아는 것과 말하는 것의 간극, 잘하고 싶은 마음과 실제 내 입에서 나오는 말 사이의 간극. 결국 자연스럽게 말하기까지의 과정이 멀고도 먼 미래같이 느껴지는 것이 한 몫 하지 않을까 싶습니다. 그래서 이 책은 '머리로 아는 프랑스어'가 '입에서 나오는 프랑스어'가 되기까지의 다리를 놓기 위해 만들어졌습니다.

『한권 한달 완성 프랑스어 말하기』는 프랑스어를 처음 배우는 분들이 직접 문장을 만들어 볼 수 있도록 꼭 필요한 문법과 표현을 담았습니다. 프랑스어의 특징 중 하나는 하나의 동사가 여러 뜻을 품고 있다는 점인데요. 따라서 이 책에서는 동사 하나와 한국어 뜻 하나를 단순히 대응시키는 직역식 공부가 아닌, 하나의 표현으로 다양한 의미와 뉘앙스를 전하는 방법을 알려 드리고자 했습니다. 또한, 문법의 개념을 쉽고 자연스럽게 이해하실 수 있도록, 제 많은 고민을 여기에 쏟았습니다. 어려운 용어는 쉽게 풀어 드리고, 설명 사이에 빈 공간이 없도록 하나하나 세심히 짚어 드렸습니다.

Lv. 1의 Préparation 01~08에서 다루는 파닉스 부분에서는 프랑스어 발음을 '소리'를 기준으로 구강 모음, 비모음, 반모음 등으로 분류했습니다. 철자 그 자체보다는 발음의 원리를 먼저 체득할 수 있도록 구성해, 비슷한 소리끼리의 규칙성을 자연스럽게 인식할 수 있습니다.

또한 도서 전반에서는 이미 배웠던 내용이라고 해서 당연하듯 넘기지 않고, 그 규칙에 익숙해

질 때까지 반복해서 중요한 내용들을 짚어 드리고 있습니다. Lv. 2에서는 Lv. 1에서 배웠던 것을 다른 방식으로 '활용'하는 방법을 배웁니다. 또한 Lv. 2에서는 새로운 규칙을 많이 배우게 되는데요. Lv. 1에서 배운 어휘를 그대로 활용해 문장 속에서 더 풍부하게 쓰는 방법을 배우는 데 초점을 맞추었습니다. Lv. 1 학습을 완료하면 Lv. 2에서는 부담 없이 새로운 내용에 집중하며 알고 있는 표현들을 확장할 수 있도록 구성했습니다.

프랑스어가 어렵게 느껴지는 이유 중 하나는 문법에 다양한 규칙이 존재하고, 또 그에 대한 예외도 많기 때문입니다. 이런 규칙을 모두 암기하려 하면 끝이 없고, 실제로 완벽히 외우는 것도 불가능에 가깝습니다. 문법은 '실용'을 위해 존재합니다. 규칙의 형태를 외우기보다 그 규칙을 활용한 문장들을 만들고, 소리 내어 발음해 보세요. 그리고 반복해 보세요. 그렇게 하다 보면 우리도 모르는 사이에 말의 통계를 스스로 찾아내며, 문법과 규칙을 자연스럽게 '습득'하게 될 것입니다. 이때 가장 중요한 것은, 입 밖으로 말해 보는 연습입니다.

저 역시 성인이 되어 프랑스어 알파벳부터 배웠기에 여러분들이 어떤 부분에서 어려워하실지, 어떤 점이 답답하실지를 잘 알고 있습니다. 분명한 것은, 어려운 것도 배우고 나면 결국 '내 것이 된다'는 사실입니다. 그때는 더 이상 어려운 것이 아니죠. 사람마다 속도가 다르기에 조금 느려도 괜찮습니다. 완독을 목표로, 한 걸음씩 성장하는 것을 목표로 공부하시면 좋겠습니다.

한 권의 책이 세상에 나오기까지 많은 분들의 노고가 담긴다는 것을 늘 느끼고 있습니다. 이 책 또한 시원스쿨의 여러 직원 분들과 함께 만들어 온 결과물입니다. 여러분들이 쉽고 재밌게 공부하시길 바라는 마음으로 작은 부분까지 함께 고민하며 알차고 이해하기 쉬운 책으로 완성했습니다.

프랑스어 배움을 시작하신 여러분들을 진심으로 응원합니다.

Bon courage et bonne continuation !

노민주(주미에르)

이 책의 구성과 특징

오늘의 주제
해당 Leçon에서 배우게 될 내용을 오늘의 목표를 통해 먼저 확인하면서 프랑스어 학습을 준비해 볼까요?

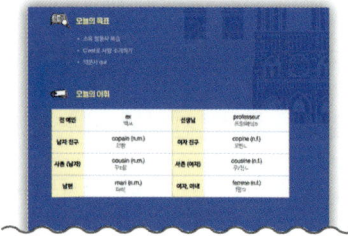

오늘의 어휘
해당 Leçon 학습에 앞서 왕초보 단계에서 꼭 알아야 할 필수 단어들을 먼저 배워 보세요. QR 코드를 통해 음원을 들으며 각 단어의 발음을 정확히 익힌 뒤, 큰 소리로 여러 번 따라 읽으며 자연스럽게 입에 익혀 보세요.

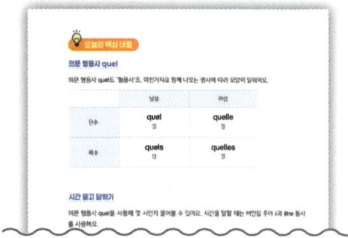

오늘의 핵심 내용
프랑스어 문법, 어렵지 않아요! 각 Leçon에서는 보기 쉽게 정리된 표와 다양한 예문으로 필수 문법을 익힐 수 있어요. 헷갈리기 쉬운 부분과 추가적으로 알아야 할 내용은 ATTENTION! 에서 한 번 더 짚어 드려요.

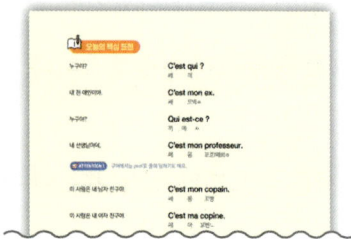

오늘의 핵심 표현
각 Leçon의 주요 문형이 적용된 다양한 예문으로 프랑스어를 연습해 보세요. 원어민 성우의 음성을 듣고 따라 읽다 보면 어느새 프랑스어 기초 문형을 자연스럽게 마스터하게 될 거예요.

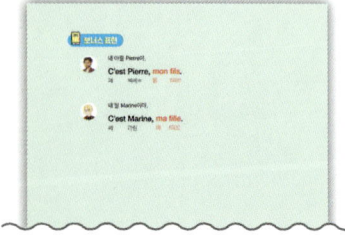

보너스 표현
오늘의 핵심 내용과 오늘의 핵심 표현에서 배운 문형과 표현에서 한 걸음 더 나아가 볼까요? 조금 더 풍부한 표현을 통해 프랑스어 실력을 한층 더 업그레이드 할 수 있어요.

오늘의 회화 완성!
기초 회화 실력을 쌓을 수 있는 대화문으로 각 Leçon의 핵심 문장을 자연스럽게 익혀 보세요. 자주 쓰이는 표현으로 실제 상황에서 사용할 수 있는 실용적인 프랑스어 표현을 연습할 수 있어요.

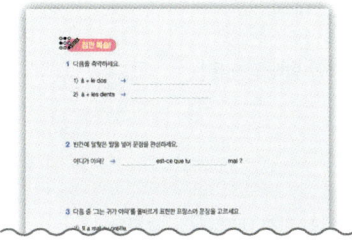

잠깐 복습!
각 Leçon에서 배운 내용에 대한 이해도를 점검하는 연습 문제를 제공합니다. 제시된 문제에 적절한 답을 찾는 과정을 통해 스스로 얼마나 완벽하게 학습 내용을 이해했는지 확인해 보세요.

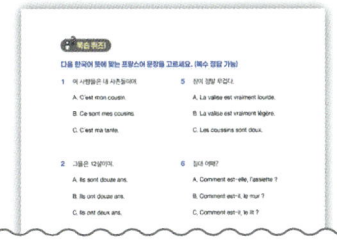

복습 퀴즈!
앞서 학습한 내용을 종합적으로 복습하면서, 얼마나 잘 이해했는지 확인할 수 있는 문제를 제공합니다. 어렵게 생각하지 마세요! 놓친 부분이 있다면 다시 한번 돌아가서 복습해도 괜찮아요. 자신 있게 도전해 보세요.

원어민 성우 음원 제공
원어민 성우의 정확한 발음을 듣고 따라 하며 본 교재의 내용을 반복 연습할 수 있도록 음원을 QR 코드를 통해 제공합니다.

필수 문장 쓰기 노트, 필수 동사 변화표
본 교재에서 다룬 필수 문장과 필수 동사 변화표를 PDF로 제공합니다. 배운 내용을 PDF로 복습하면서 프랑스어 실력을 탄탄하게 다져 보세요.

저자 직강 동영상 강의
독학을 위한 저자 유료 동영상 강의를 제공합니다. 동영상 강의는 france.siwonschool.com 에서 확인하세요.

차례

- 머리말 … 4
- 이 책의 구성과 특징 … 6

PRÉPARATION 01 크루아상 하나 먹을래? **Tu veux un croissant ?** … 12
관사 3가지 복습 및 비교 | 각 관사별 뉘앙스 파악하기

PRÉPARATION 02 나 더 이상 안 먹어. **Je ne mange plus.** … 16
부정문 정리 | ne plus 부정문 | 부정 의문문에 긍정으로 답하기 | 다양한 형태의 의문문

PRÉPARATION 03 이렇게 하자. **On fait comme ça.** … 21
주어 인칭 대명사 On의 여러 가지 의미 | 주어 인칭 대명사 On 활용 | 주어 인칭 대명사 On 부정문

PRÉPARATION 04 나는 33살이야. **J'ai 33 ans.** … 24
숫자: 1~69 | 나이 표현하기

PRÉPARATION 05 87유로예요. **Ça coûte 87 euros.** … 30
숫자: 70~99 | 프랑스어 숫자 규칙 | 가격 표현하기

LEÇON 01 내 전 남자 친구야. **C'est mon ex.** … 36
소유 형용사 복습 | C'est로 사람 소개하기 | 의문사 qui

LEÇON 02 짐이 꽤 무겁다! **La valise, elle est assez lourde !** … 44
사물의 특징 표현하기: être + 형용사 | 명사와 형용사 성·수 일치 | 의문 부사 comment

LEÇON 03 세 시 반이야. **Il est quinze heures et demie.** … 50
시간 묻고 답하기 | 비인칭 주어 | 약속 시간 정하기

LEÇON 04 어디가 아파? **Tu as mal où ?** … 56
신체 부위 명칭 | à 축약 관사 복습 | 어디가 아픈지 묻고 답하기

| LEÇON 05 | 1~4강 복습 **Révision** | 62 |

| LEÇON 06 | 네 전화번호가 뭐야? **Quel est ton numéro de téléphone ?** | 66 |
의문사 quel 활용 ｜ 이름, 직업, 국적 등을 묻고 답하기 ｜ 전화번호 말하기

| LEÇON 07 | 주말에 뭐 해? **Tu fais quoi le week-end ?** | 72 |
faire 동사의 현재 시제 동사 변화 ｜ 기본적인 활동 표현하기 ｜ 의문 대명사 quoi

| LEÇON 08 | 다음 주 토요일에 뭐 해? **Tu fais quoi samedi prochain ?** | 78 |
faire 동사 복습 ｜ 요일 표현하기 ｜ 의문사 quand

| LEÇON 09 | 나는 일주일에 한 번 수영을 해. **Je fais de la natation une fois par semaine.** | 84 |
운동, 악기 연주 등 취미 표현하기 ｜ 일주일에 몇 번 활동을 하는지 표현하기

| LEÇON 10 | 눈사람 만들까? **On fait un bonhomme de neige ?** | 90 |
비인칭 주어 il ｜ 날씨 표현 ｜ 사계절 표현

| LEÇON 11 | 6~10강 복습 **Révision** | 98 |

| LEÇON 12 | 나랑 케이크 만들래? **Tu veux faire un gâteau avec moi ?** | 102 |
강세형 인칭 대명사 ｜ 전치사 활용

| LEÇON 13 | 여기가 더 작네. **C'est plus petit.** | 108 |
비교급 ｜ bon 비교급

| LEÇON 14 | 이게 내 인생 영화야. **C'est le meilleur film de ma vie.** | 114 |
최상급 ｜ bon의 최상급

| LEÇON 15 | 나 에펠탑이 보여. **Je vois la Tour Eiffel.** | 120 |
'보다' 동사: regarder, voir ｜ 직접 목적 보어 대명사

| LEÇON 16 | 그녀에게 뭘 준다고? **Tu lui donnes quoi ?** | 126 |

donner 동사 | 무엇을 누구에게 주는지 표현하기 | 간접 목적 보어 대명사

| LEÇON 17 | 메일 보낼게. **Je vais envoyer un mail.** | 132 |

envoyer 동사 | 목적 보어 대명사 활용 | 근접 미래

| LEÇON 18 | 너는 지갑을 여기에 두네. **Tu laisses ton portefeuille ici.** | 138 |

laisser 동사 | 목적 보어 대명사 복습

| LEÇON 19 | 가자! **On y va !** | 144 |

중성 대명사 y | 대명사 위치 복습

| LEÇON 20 | 봐 봐! **Regarde !** | 150 |

명령문

| LEÇON 21 | 그거 더 먹을래? **Tu en veux encore ?** | 156 |

중성 대명사 en | '먹다', '마시다', '원하다' 표현하기

| LEÇON 22 | 12~21강 복습 **Révision** | 162 |

| LEÇON 23 | 영화 보면서 밥 먹어. **Je mange en regardant un film.** | 166 |

'~하면서 ~한다' 표현하기 | 제롱디프 형태 만들기

| LEÇON 24 | 나는 아침에 씻어. **Je me lave le matin.** | 172 |

대명 동사와 재귀 대명사 | laver 동사 | se laver 동사

| LEÇON 25 | 몇 시에 일어나? **Tu te lèves à quelle heure ?** | 178 |

se lever | se coucher | se voir

LEÇON 26	나 붙었어! **J'ai réussi !**	184
	복합 과거 시제 ǀ 복합 과거 조동사	

LEÇON 27	어제 뭐 했어? **Tu as fait quoi hier ?**	192
	3군 동사의 복합 과거 시제 ǀ 복합 과거 부정문	

LEÇON 28	도착하셨어요? **Vous êtes arrivé(e)(s) ?**	200
	이동 동사의 복합 과거 시제 ǀ 복합 과거의 과거 분사 성·수 일치	

LEÇON 29	몇 시에 잤어? **Tu t'es couché(e) à quelle heure ?**	208
	대명 동사의 복합 과거 시제	

| LEÇON 30 | 23~29강 복습 **Révision** | 216 |

LEÇON 31	테니스 치는 사람은 나야. **C'est moi qui fais du tennis.**	220
	관계 대명사 ǀ 주격 관계 대명사 qui	

LEÇON 32	내가 정말 좋아하는 영화야. **C'est le film que j'aime beaucoup.**	228
	목적격 관계 대명사 que	

LEÇON 33	이번 여름에 파리에 갈 거야. **J'irai à Paris cet été.**	236
	단순 미래 시제	

LEÇON 34	바지 입어 봐도 될까요? **Je pourrais essayer ce pantalon ?**	244
	조건법: 부탁하기 ǀ 조건법 활용	

| LEÇON 35 | 31~34강 복습 **Révision** | 250 |

잠깐 복습! 정답 · · · · · · 254

PRÉPARATION 01

크루아상 하나 먹을래?
Tu veux un croissant ?

음원 바로 듣기

- 관사 3가지 복습 및 비교
- 각 관사별 뉘앙스 파악하기

부정 관사

부정 관사의 "부정"은 '정해지지 않은'이라는 뜻이에요. 영어의 a와 같이 셀 수 있는 명사 앞에 써요. '하나의', '어떤'이라는 뜻을 내포하고 있어요.

남성 단수	여성 단수	복수 (남성, 여성)
un 앙	**une** 윈	**des** 데

정관사

정관사는 '정해진' 관사라는 뜻이에요. 영어의 the와 쓰임이 유사해요.

남성 단수	여성 단수	복수 (남성, 여성)
le 르	**la** 라	**les** 레

☑ **ATTENTION !** 모음이나 무성 h로 시작하는 단수 명사 앞에서는 l'로 축약해요.
예 le poisson 물고기 | l'oiseau 새

부분 관사

부분 관사는 '부분'을 나타내는 관사라는 뜻이에요. 셀 수 없는 명사, 추상 명사 등과 함께 사용해요.

남성 단수	여성 단수	복수 (남성, 여성)
du 뒤	**de la** 들라	**des** 데

ATTENTION ! 모음이나 무성 h로 시작하는 단수 명사 앞에서는 de l'로 축약해요.
예 de la confiture 잼 | de l'eau 물

관사 비교하기

세 관사의 뉘앙스를 비교해 볼까요? un pain은 특정한 빵을 말하는 것이 아닌 '어떤' 빵, 빵 '한 개'라는 말을 할 때 사용해요. le pain은 특정 빵을 지칭할 때나 일반적인 빵에 대한 이야기를 할 때 사용해요. 그리고 du pain은 빵의 부분을 나타내기 때문에 빵 '조금'의 의미를 가지고 있어요.

부정 관사	정관사	부분 관사
un pain (어떤) 빵 한 개	**le pain** 그 빵	**du pain** 빵 조금

오늘의 핵심 표현

▶ 식탁에 크루아상이 여러 개 있다. 친구에게 <u>하나</u> 건네 본다.

크루아상 하나 먹을래?　　　**Tu veux un croissant ?**
　　　　　　　　　　　　　뛰　v뵈　앙　크후아썽

▶ 어머니가 나에게 여동생이 뭐하고 있냐고 물어본다. 그녀는 바나나를 <u>하나</u> 들고 먹고 있다.

그녀는 바나나 하나 먹고 있어.　**Elle mange une banane.**
　　　　　　　　　　　　　　엘　멍쥬　윈　바난ㄴ

▶ 친구가 마트에서 여러 샐러드 중 <u>하나를</u> 고르고 있다.

그는 샐러드 하나를 고른다.　　**Il prend une salade.**
　　　　　　　　　　　　　　일　프헝　윈　쌀라ㄷ

▶ 내가 케이크를 사 들고 온 것을 친구가 봤다. <u>그 케이크를</u> 먹을 건지 물어본다.

그 케이크 먹을래?　　　　　　**Tu veux le gâteau ?**
　　　　　　　　　　　　　　뛰　v뵈　르　갸또

▶ 차를 빌렸는데, 업체에 어떤 색깔인지 전화로 물어보았다. 업체에서 빨간색 <u>자동차</u>라고 알려 주었다.

그 자동차는 빨간색이에요.　　**La voiture est rouge.**
　　　　　　　　　　　　　　라　v부아뛰ㅎ　에　후쥬

▶ <u>음악이라는 것 자체</u>가 좋다고 말하고 싶다.

나는 음악이 좋아.　　　　　　**J'aime la musique.**
　　　　　　　　　　　　　　쥌　　라　뮈z지ㄲ

▶ <u>물</u>을 한 잔 마셨다. 친구에게도 마실 건지 물어본다.

물 좀 마실래?　　　　　　　　**Tu veux de l'eau ?**
　　　　　　　　　　　　　　뛰　v뵈　들　로

▶ 우리 가족은 저녁마다 차를 끓여 마시는 게 습관이다.

우리는 저녁마다 차를 (좀) 마셔.　　**Nous buvons du thé le soir.**
　　　　　　　　　　　　　　　　　　　누　　뷔v봉　　뒤 떼　르 쑤아ㅎ

▶ 상대가 지금 파스타를 먹고 있는지 묻고 있다.

파스타 드세요?　　**Vous mangez des pâtes ?**
　　　　　　　　　v부　멍줴　　데　빠뜨

▶ 식탁에서 와인을 와인잔에 따라 놓고 좀 마시고 있다.

우리는 와인을 좀 마신다.　　**Nous buvons du vin.**
　　　　　　　　　　　　　누　　뷔v봉　　뒤　v방

▶ 친구에게 선물을 하나 원하는지 물어본다.

선물 줄까? (너 선물 원해?)　　**Tu veux un cadeau ?**
　　　　　　　　　　　　　　뛰　v뵈　앙　꺄도

▶ 남동생이 치즈를 잘라 먹고 있다.

그는 치즈를 좀 먹는다.　　**Il mange du fromage.**
　　　　　　　　　　　일 멍쥬　　뒤　f프호마쥬

▶ 그녀에게 꽃을 주려는데 그녀는 이미 꽃들을 들고 있다.

그녀는 꽃들을 가지고 있다.　　**Elles ont des fleurs.**
　　　　　　　　　　　　　엘z종　　　데　f플뢰ㅎ

▶ 상대가 영화에 관한 이야기를 1시간째 하고 있다.

영화를 정말 좋아하시는군요.　　**Vous adorez le film.**
　　　　　　　　　　　　　　v부z자도헤　　르 f필ㅁ

Préparation **01**　크루아상 하나 먹을래? Tu veux un croissant ?　　**15**

나 더 이상 안 먹어.
Je ne mange plus.

 오늘의 목표

- 부정문 정리
- ne plus 부정문
- 부정 의문문에 긍정으로 답하기
- 다양한 형태의 의문문

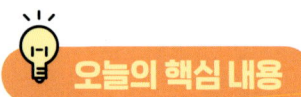 오늘의 핵심 내용

부정문

프랑스어 부정문은 동사를 가운데에 두고 동사 양 옆에 ne와 pas를 넣어요.

나는 관광객이 아니에요.　　　　　　**Je ne suis pas touriste.**
　　　　　　　　　　　　　　　　　쥬　느　쒸　빠　뚜히스뜨

구어에서는 ne를 빼고 말하기도 해요.

나는 관광객이 아니에요.　　　　　　**Je suis pas touriste.**
　　　　　　　　　　　　　　　　　쥬　쒸　빠　뚜히스뜨

▶ **동사가 두 개인 경우**

vouloir, pouvoir, devoir, 근접 미래, 근접 과거 등 동사가 두 개 올 땐, 첫 번째 동사를 부정해요!

나는 출근할 거야.　　　　　　　　　**Je vais aller au travail.**
　　　　　　　　　　　　　　　　　쥬　v베　알레　오　트하v바이

→ 나는 출근 안 할 거야.　　　　　　**Je ne vais pas aller au travail.**
　　　　　　　　　　　　　　　　　쥬　느　v베　빠　알레　오　트하v바이

부정문의 de

목적어의 자리에 부정 관사(un, une, des), 부분 관사(du, de la, des)가 오는 문장을 부정문으로 만들 때, 이 관사들이 모두 de로 변해요.

나는 커피를 마신다.　　　　　Je bois du café.
　　　　　　　　　　　　　　쥬　부아　뒤　꺄f페

→ 나는 커피를 마시지 않는다.　Je ne bois pas de café.
　　　　　　　　　　　　　　쥬　느　부아　빠　드　꺄f페

더 이상 아니야!

'더 이상 ~하지 않다'라는 말을 할 땐 ne pas 대신 ne plus를 넣어요.

나 밥 먹어.　　　　　　　　Je mange.
　　　　　　　　　　　　　쥬　멍쥬

→ 나 더 이상 안 먹어.　　　　Je ne mange plus.
　　　　　　　　　　　　　쥬　느　멍쥬　쁠뤼

부정 의문문에 대한 대답

부정 의문문에 대해 '그렇다'고 답할 때는 Oui가 아닌 Si를 사용해요. '아니다'라고 답할 때는 똑같이 Non을 써요.

일반 의문문	커피 좋아해?	Tu aimes le café ? 뛰 엠　르 꺄f페
긍정 대답	응. 좋아해.	Oui, j'aime le café. 위　쥄　르 꺄f페
부정 의문문	커피 안 좋아해?	Tu n'aimes pas le café ? 뛰 넴　빠　르 꺄f페
긍정 대답	좋아해.	Si, j'aime le café. 씨　쥄　르 꺄f페
부정 대답	안 좋아해.	Non, je n'aime pas le café. 농　쥬 넴　빠　르 꺄f페

기본 부정문과 ne plus 부정문

ne plus 부정문은 '더 이상 ~하지 않다'라는 말을 할 때 사용할 수 있어요.

긍정문	나는 출근해.	**Je vais au travail.** 쥬 v베 오 트하v바이
기본 부정문	나는 출근 안 해.	**Je ne vais pas au travail.** 쥬 느 v베 빠 오 트하v바이
ne plus 부정문	나는 더 이상 출근 안 해.	**Je ne vais plus au travail.** 쥬 느 v베 쁠뤼 오 트하v바이
긍정문	나는 빵을 좀 원해. (먹을래.)	**Je veux du pain.** 쥬 v뵈 뒤 빵
기본 부정문	나는 빵 안 먹을래.	**Je ne veux pas de pain.** 쥬 느 v뵈 빠 드 빵
ne plus 부정문	나는 빵 더 이상 안 먹을래.	**Je ne veux plus de pain.** 쥬 느 v뵈 쁠뤼 드 빵
긍정문	그녀는 디저트를 하나 먹어.	**Elle prend un dessert.** 엘 프헝 앙 데쎄ㅎ
기본 부정문	그녀는 디저트 안 먹어.	**Elle ne prend pas de dessert.** 엘 느 프헝 빠 드 데쎄ㅎ
ne plus 부정문	그녀는 더 이상 디저트 안 먹어.	**Elle ne prend plus de dessert.** 엘 느 프헝 쁠뤼 드 데쎄ㅎ

다양한 의문문

억양 의문문은 가장 간단한 형태의 의문문이고, 구어에서 가장 많이 사용돼요. 도치 의문문과 Est-ce que 의문문은 명확한 의문문 구조를 가지고 있고, 억양 의문문보다는 조금 더 예의를 갖춘 표현이에요.

▶ **억양 의문문**

평서문에서 물음표만 붙이고, 억양을 올려 가장 간단하게 의문문을 만들어요.

물 드실래요?　　　　　　　　**Vous voulez de l'eau ?**
　　　　　　　　　　　　　　v부　　v불레　　들로

▶ **도치 의문문**

주어와 동사 위치를 바꿔 의문문을 만들어요.

물 드실래요?　　　　　　　　**Voulez-vous de l'eau ?**
　　　　　　　　　　　　　　v불레　　v부　　들로

▶ **Est-ce que 의문문**

평서문 맨 앞에 Est-ce que만 붙여 의문문을 만들어요.

물 드실래요?　　　　　　　　**Est-ce que vous voulez de l'eau ?**
　　　　　　　　　　　　　　에 쓰 끄　v부　v불레　들로

 **오늘의 핵심 표현**

▶ *Vous aimez Paris.*
당신은 파리를 좋아하시는군요.

억양 의문문	Vous aimez Paris ?
도치 의문문	Aimez-vous Paris ?
Est-ce que 의문문	Est-ce que vous aimez Paris ?

▶ *Il est à la maison.*
그는 집에 있어.

억양 의문문	Il est à la maison ?
도치 의문문	Est-il à la maison ?
Est-ce que 의문문	Est-ce qu'il est à la maison ?

▶ *Vous buvez de l'alcool.*
당신은 술을 마시는군요.

억양 의문문	Vous buvez de l'alcool ?
도치 의문문	Buvez-vous de l'alcool ?
Est-ce que 의문문	Est-ce que vous buvez de l'alcool ?

PRÉPARATION 03

이렇게 하자.
On fait comme ça.

- 주어 인칭 대명사 On의 여러 가지 의미
- 주어 인칭 대명사 On 활용
- 주어 인칭 대명사 On 부정문

주어 인칭 대명사 On

▶ 구어의 Nous

우리 여기에 있어.

On est ici.
오네   이씨

▶ 누군가, 불특정 주어

누가 온다!

On arrive !
오나히v브

▶ (일반적인) 사람들

여기서는 사람들이 프랑스어를 써.

On parle français ici.
옹   빠흘르   f프헝쎄   이씨

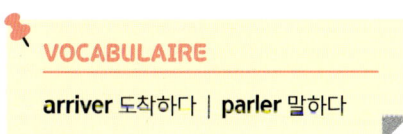

VOCABULAIRE

arriver 도착하다 | parler 말하다

On의 동사 변화

On은 il, elle과 같이 문법적으로 3인칭 단수로 취급해요.

그는 어디 가?   **Il va où ?**
일 v바 우

우리 어디 가?   **On va où ?**
옹 v바 우

자주 쓰는 On 표현들

관용적으로 자주 쓰이는 표현이에요. 여러 번 발음하며 입에 익혀 보세요!

가자.   **On y va.**
오니 v바

갈까?   **On y va ?**
오니 v바

이렇게 하자.   **On fait comme ça.**
옹 f페 꼼 싸

이렇게 할까?   **On fait comme ça ?**
옹 f페 꼼 싸

시작하자.   **On commence.**
옹 꼬멍ㅆ

시작할까?   **On commence ?**
옹 꼬멍ㅆ

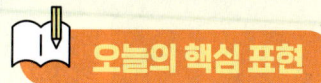 **오늘의 핵심 표현**

식사 같이 할까?	**On mange ensemble ?** 옹 멍쥬 엉썽블르
우리 같이 커피 한잔할래?	**On prend un café ensemble ?** 옹 프헝 앙 꺄f페 엉썽블르
우리는 매일 지하철을 타.	**On prend le métro tous les jours.** 옹 프헝 르 메트호 뚤레 쥬ㅎ
프랑스에서는 사람들이 바게트를 좋아해.	**On aime les baguettes en France.** 오 넴 레 바게뜨 엉 f프헝쓰
우리는 닭고기 안 먹어.	**On ne mange pas de poulet.** 옹 느 멍쥬 빠 드 뿔레
우리는 커피 안 마셔.	**On ne boit pas de café.** 옹 느 부아 빠 드 꺄f페
우리 이제 같이 식사 안 해.	**On ne mange plus ensemble.** 옹 느 멍쥬 쁠뤼 엉썽블르
한국에서는 (사람들이) 한국어를 써.	**On parle coréen en Corée.** 옹 빠흘르 꼬헤앙 엉 꼬헤
우리 배고파.	**On a faim.** 오나 f팡
우리는 출발해야 해요.	**On doit partir.** 옹 두아 빡띠ㅎ
우리는 늦게 끝나요.	**On finit tard.** 옹 f피니 따ㅎ
(우리가) 의자 하나 사용해도 될까요?	**On peut utiliser une chaise ?** 옹 쁘 위띨리z제 윈 쉐z즈

VOCABULAIRE

coréen (n.m.) 한국어

Préparation **03** 이렇게 하자. On fait comme ça.

PRÉPARATION 04

나는 33살이야.
J'ai 33 ans.

- 숫자: 1~69
- 나이 표현하기

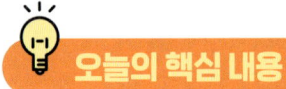

0~9

0	1	2	3	4
zéro	un	deux	trois	quatre
z제호	앙	되	트후아	꺄트ㅎ
5	6	7	8	9
cinq	six	sept	huit	neuf
쌍끄	씨쓰	쎗뜨	위뜨	뇌f

10~19

10	11	12	13	14
dix	onze	douze	treize	quatorze
디쓰	옹z즈	두z즈	트헤z즈	꺄또ㅎz즈
15	16	17	18	19
quinze	seize	dix-sept	dix-huit	dix-neuf
깡z즈	쎄z즈	디 쎗뜨	디z쥐뜨	디z즈뇌f프

20~29

20	21	22	23
vingt	vingt et un	vingt-deux	vingt-trois
v방	v방떼 앙	v방 되	v방 트후아
24	**25**	**26**	**27**
vingt-quatre	vingt-cinq	vingt-six	vingt-sept
v방 꺄트ㅎ	v방 쌍끄	v방 씨쓰	v방 쎗뜨
28	**29**		
vingt-huit	vingt-neuf		
v방뛰뜨	v방 뇌f프		

30대의 숫자

30	31	32	33	
trente	trente et un	trente-deux	trente-trois	…
트헝뜨	트헝떼 앙	트헝 되	트헝 트후아	

40대의 숫자

40	41	42	43	
quarante	quarante et un	quarante-deux	quarante-trois	…
꺄헝뜨	꺄헝떼 앙	꺄헝 되	꺄헝 트후아	

50대의 숫자

50	51	52	53	
cinquante	cinquante et un	cinquante-deux	cinquante-trois	⋯
쌍껑뜨	쌍껑떼 앙	쌍껑 되	쌍껑 트후아	

60대의 숫자

60	61	62	63	
soixante	soixante et un	soixante-deux	soixante-trois	⋯
쑤아썽뜨	쑤아썽떼 앙	쑤아썽 되	쑤아썽 트후아	

나이 표현하기

나이를 말할 때는 avoir 동사를 사용해요. avoir 동사의 현재 시제 동사 변화를 다시 한번 살펴볼까요?

J'	ai	Nous	avons
Tu	as	Vous	avez
Il / Elle	a	Ils / Elles	ont

(몇) 살은 an(s)을 사용해요.

ATTENTION! 1살만 an으로 쓰고, 2살 이상부터는 an에 s를 붙여 ans으로 표기해요. an과 ans의 발음은 똑같아요.

숫자의 연음

숫자는 뒤에 오는 단위 명사와 연음해요.

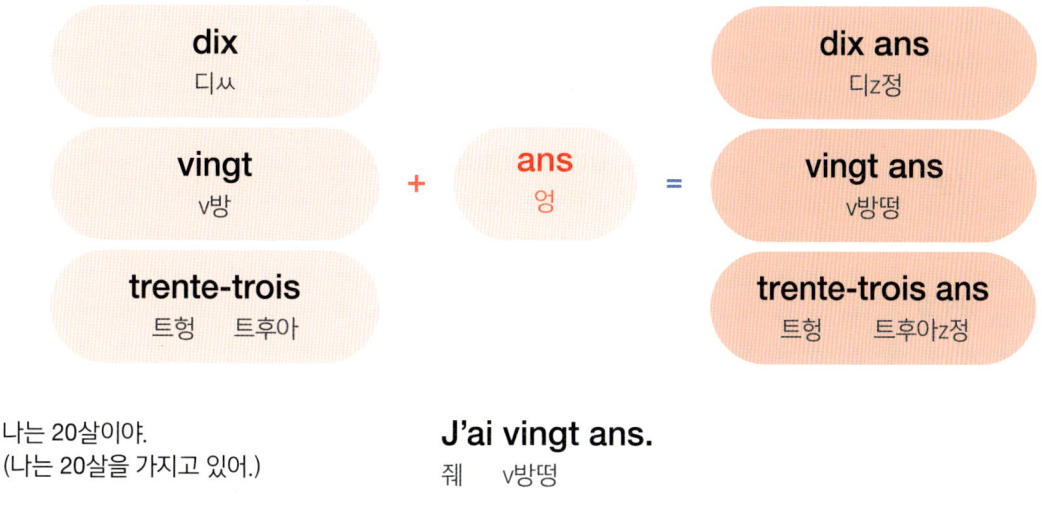

나는 20살이야.
(나는 20살을 가지고 있어.)

J'ai vingt ans.
줴   v방떵

나이 묻기

'몇 살'은 quel âge로 말해요. 똑같이 avoir 동사로 물어볼 수 있어요.

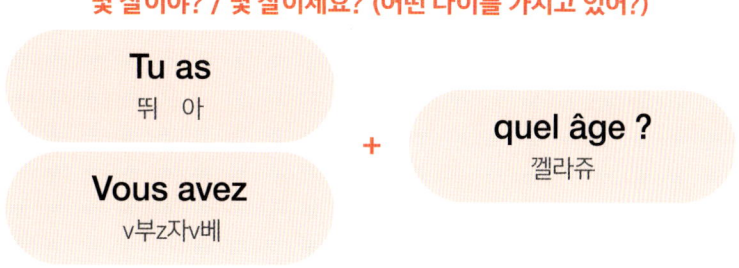

여성 명사 단위 앞 1은 une !

여성 명사 앞에서 쓰는 1은 un이 아닌 une으로 써요. 여성 명사인 단위 표현들을 une과 함께 말해 볼까요?

1시간	une heure 위뇌ㅎ
1분	une minute 윈 미뉘뜨
일주일	une semaine 윈 쓰멘ㄴ
한 번	une fois 윈 f푸아

Lv. 1에서 배웠던 문장들도 다시 봅시다.

1시간 걸려.　　　　　　　　Ça prend une heure.
　　　　　　　　　　　　　　싸   프헝   위뇌ㅎ

약 1시간 걸려.　　　　　　　Ça prend environ une heure.
　　　　　　　　　　　　　　싸   프헝   엉v비홍   위뇌ㅎ

몇 살이야?	**Tu as quel âge ?** 뛰 아 껠라쥬
나는 29살이야.	**J'ai vingt-neuf ans.** 줴 v방 뇌v벙
그들은 몇 살이야?	**Ils ont quel âge ?** 일z종 껠라쥬
그들은 14살이야.	**Ils ont quatorze ans.** 일z종 꺄또ㅎz정
우리 어머니는 56세셔.	**Ma mère a cinquante-six ans.** 마 메ㅎ 아 쌍껑 씨z정
얼마나 걸려?	**Ça prend combien de temps ?** 싸 프헝 꽁비앙 드 떵
1시간 걸려.	**Ça prend une heure.** 싸 프헝 위뇌ㅎ
얼마나 걸려요?	**Ça prend combien de temps ?** 싸 프헝 꽁비앙 드 떵
일주일 걸려요.	**Ça prend une semaine.** 싸 프헝 윈 쓰멘ㄴ

PRÉPARATION 05

87유로예요.
Ça coûte 87 euros.

- 숫자: 70~99
- 프랑스어 숫자 규칙
- 가격 표현하기

70대의 숫자

70대의 숫자는 '60 + 10대의 숫자'로 만들어요.

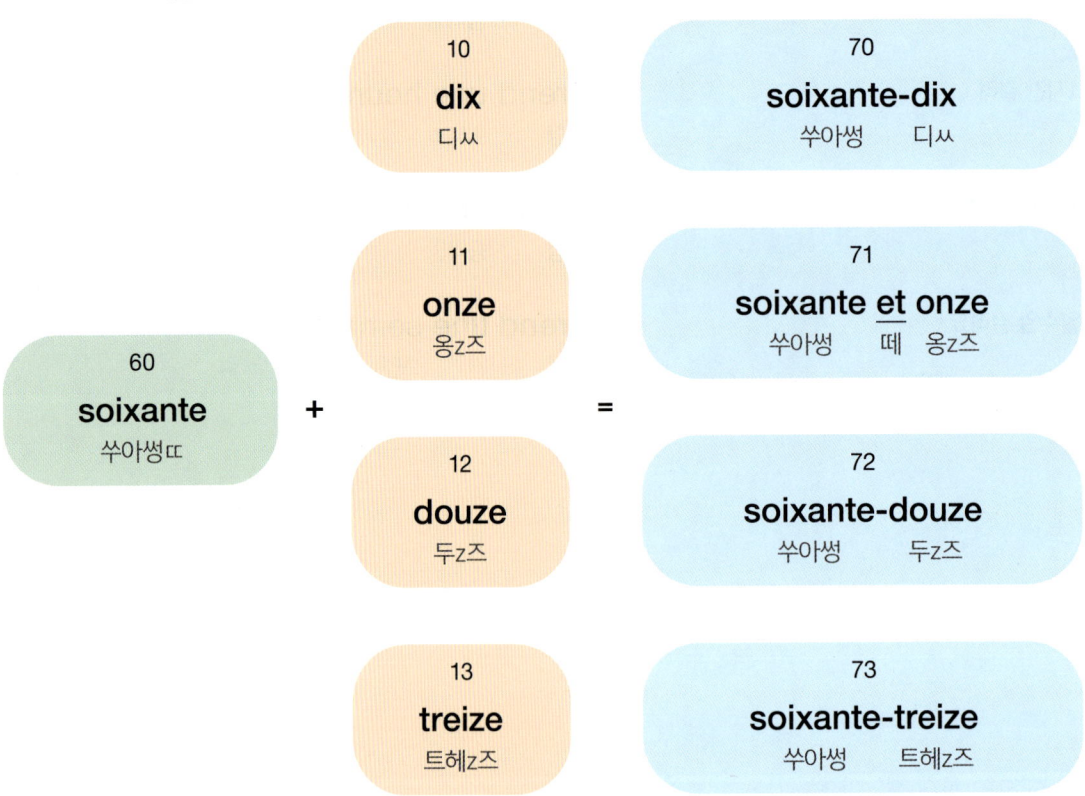

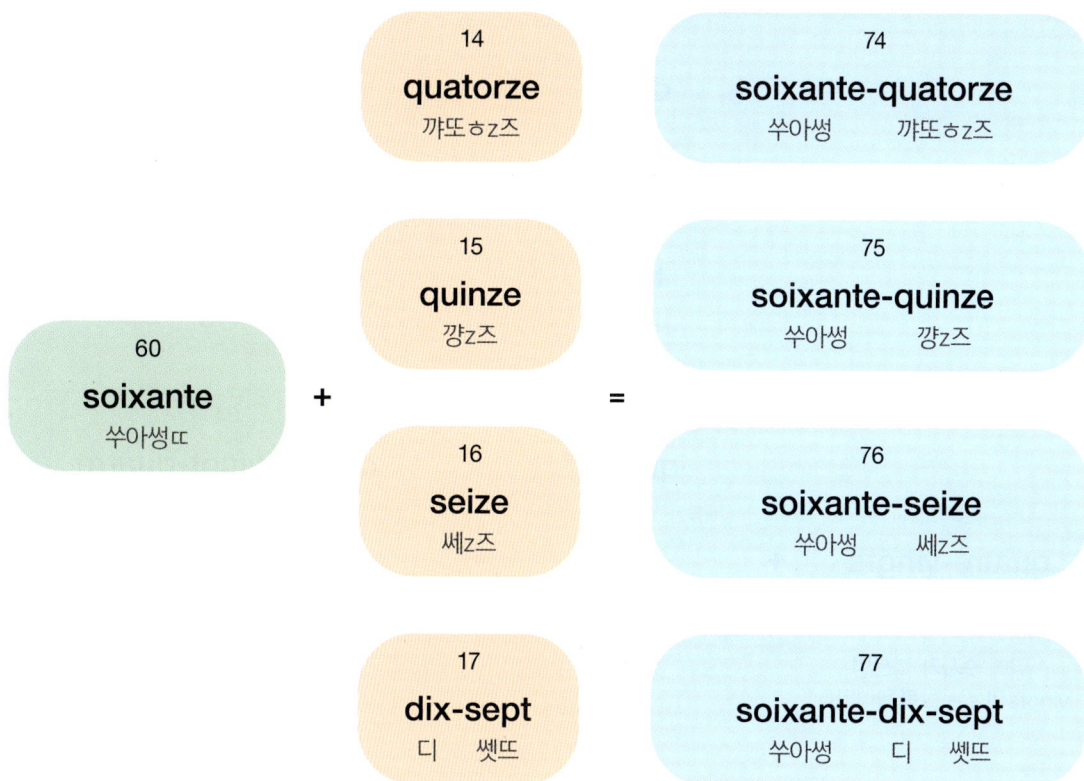

80대의 숫자

80대의 숫자는 '4 x 20 + 1의 자리 숫자'로 만들어요.

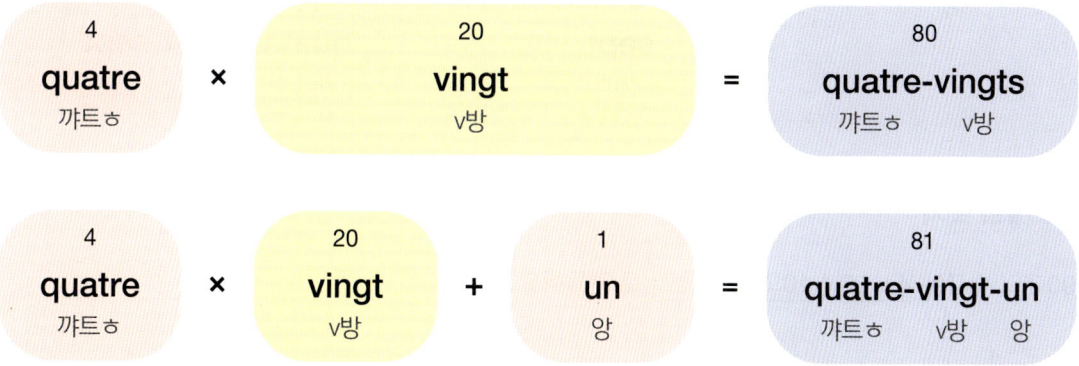

80		2		82
quatre-vingts 꺄트ㅎ v방	+	**deux** 되	=	**quatre-vingt-deux** 꺄트ㅎ v방 되

* 뒤에 숫자가 붙으면 vingts의 s는 딜락됩니나!

3	83
trois 트후아	**quatre-vingt-trois** 꺄트ㅎ v방 트후아
4	84
quatre 꺄트ㅎ	**quatre-vingt-quatre** 꺄트ㅎ v방 꺄트ㅎ
5	85
cinq 쌍끄	**quatre-vingt-cinq** 꺄트ㅎ v방 쌍끄
6	86
six 씨ㅆ	**quatre-vingt-six** 꺄트ㅎ v방 씨ㅆ
7	87
sept 쎘ㄸ	**quatre-vingt-sept** 꺄트ㅎ v방 쎘ㄸ

90대의 숫자

90대의 숫자는 '4 x 20 + 10의 자리 숫자'로 만들어요.

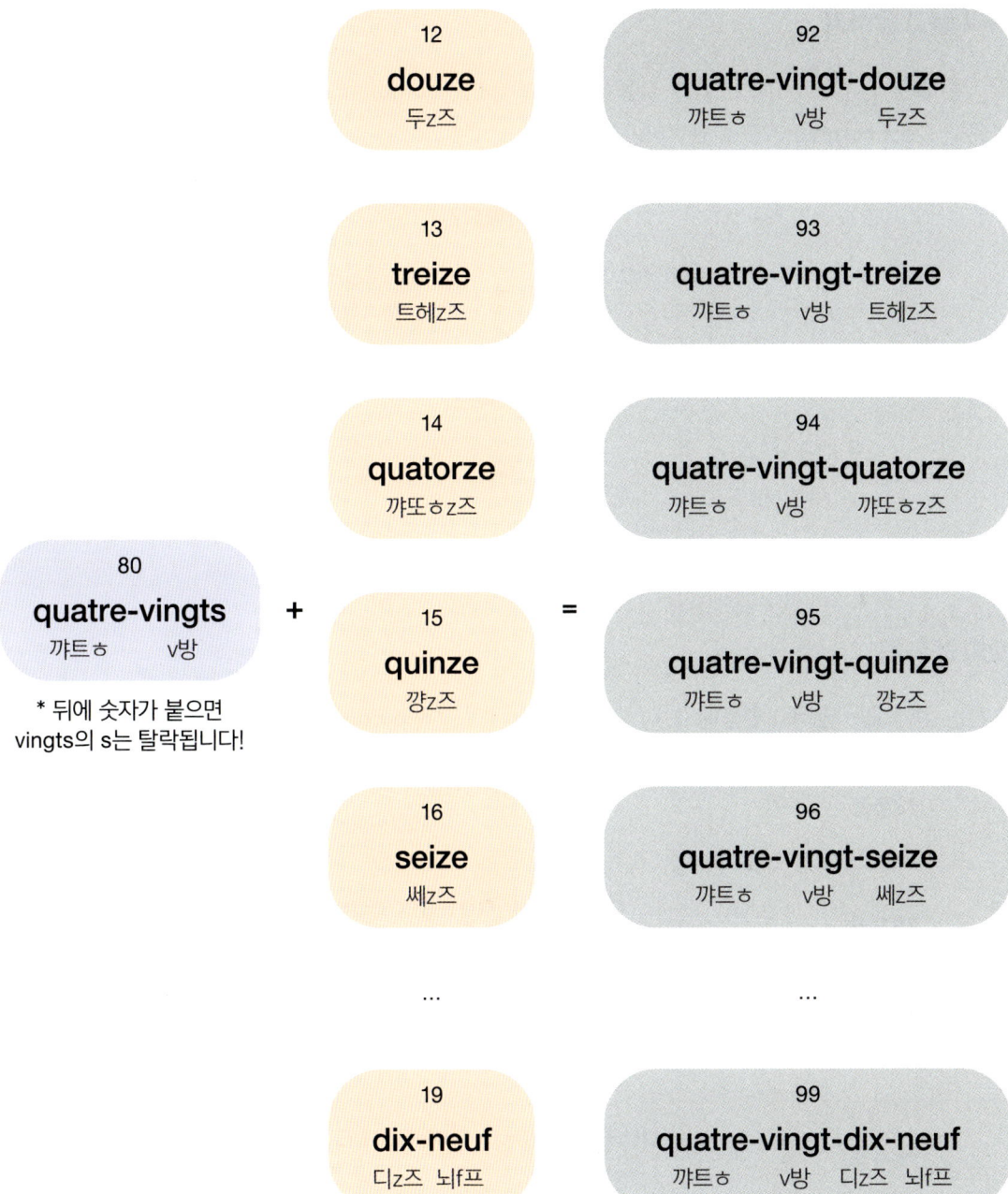

가격 묻고 답하기

가격을 말할 땐 Ça coûte 표현을 사용하고, '얼마나'는 combien으로 말해요. 간단하게 C'est ~를 사용해 C'est combien ?으로 표현하기도 해요.

숫자의 연음

숫자는 뒤에 오는 단위와 연음해요. 다양한 숫자를 가격 단위 euro(s)와 함께 말해 볼까요?

73유로	soixante-treize euros 쑤아썽 트헤z죄호
86유로	quatre-vingt-six euros 꺄트흐 v방 씨z죄호
90유로	quatre-vingt-dix euros 꺄트흐 v방 디z죄호
98유로	quatre-vingt-dix-huit euros 꺄트흐 v방 디z쥐뙤호

 **오늘의 핵심 표현**

얼마예요?　　　　　　　　Ça coûte combien ?
　　　　　　　　　　　　싸　꾸뜨　꽁비앙

78유로예요.　　　　　　　Ça coûte soixante-dix-huit euros.
　　　　　　　　　　　　싸　꾸뜨　쑤아썽　디z쥐뜨호

87유로예요.　　　　　　　Ça coûte quatre-vingt-sept euros.
　　　　　　　　　　　　싸　꾸뜨　꺄트흐　v방　쎄뜨호

95유로예요.　　　　　　　Ça coûte quatre-vingt-quinze euros.
　　　　　　　　　　　　싸　꾸뜨　꺄트흐　v방　꺙z죄호

이 가방 얼마예요?　　　　Ce sac, ça coûte combien ?
　　　　　　　　　　　　쓰　싹　싸　꾸뜨　꽁비앙

71유로예요.　　　　　　　Ça coûte soixante et onze euros.
　　　　　　　　　　　　싸　꾸뜨　쑤아썽떼　옹z죄호

82유로예요.　　　　　　　Ça coûte quatre-vingt-deux euros.
　　　　　　　　　　　　싸　꾸뜨　꺄트흐　v방　되z죄호

98유로예요.　　　　　　　Ça coûte quatre-vingt-dix-huit euros.
　　　　　　　　　　　　싸　꾸뜨　꺄트흐　v방　디z쥐뜨호

이 바지 얼마예요?　　　　Ce pantalon, ça coûte combien ?
　　　　　　　　　　　　쓰　뻥딸롱　싸　꾸뜨　꽁비앙

75유로예요.　　　　　　　Ça coûte soixante-quinze euros.
　　　　　　　　　　　　싸　꾸뜨　쑤아썽　꺙z죄호

LEÇON 01

내 전 남자 친구야.
C'est mon ex.

음원 바로 듣기

 오늘의 목표

- 소유 형용사 복습
- C'est로 사람 소개하기
- 의문사 qui

 오늘의 어휘

전 애인	ex 엑쓰	선생님	professeur 프호f페쐬ㅎ
남자 친구	copain (n.m.) 꼬빵	여자 친구	copine (n.f.) 꼬삔ㄴ
사촌 (남자)	cousin (n.m.) 꾸z장	사촌 (여자)	cousine (n.f.) 꾸z진ㄴ
남편	mari (n.m.) 마히	여자, 아내	femme (n.f.) f팜ㅁ

 **오늘의 핵심 내용**

소유 형용사 복습

	남성 단수	여성 단수	복수 (남성, 여성)
나의	mon 몽	ma 마	mes 메
너의	ton 똥	ta 따	tes 떼
그/그녀의	son 쏭	sa 싸	ses 쎄
우리의	notre 노트ㅎ	notre 노트ㅎ	nos 노
당신(들)/너희들의	votre v보트ㅎ	votre v보트ㅎ	vos v보
그들/그녀들의	leur 뢰ㅎ	leur 뢰ㅎ	leurs 뢰ㅎ

'소유 형용사 + 사람 명사'로 대상과의 관계를 간단하게 표현할 수 있어요.

내 사촌 (남자)　　　**mon cousin**
　　　　　　　　　몽　　꾸z장

내 사촌 (여자)　　　**ma cousine**
　　　　　　　　　마　　꾸z진ㄴ

내 사촌들　　　　　**mes cousins**
　　　　　　　　　메　　꾸z장

C'est + 사람

'이 사람은 ~이다'라고 소개하는 것을 'C'est + 소유 형용사 + 명사'로 할 수도 있어요.

C'est + 소유 형용사 + 명사

이 사람은 내 사촌(남)이야.   C'est mon cousin.
쎄 몽 꾸z장

이 사람은 그녀의 사촌(여)이야.   C'est sa cousine.
쎄 싸 꾸z진ㄴ

이 분이 당신의 남편이에요?   C'est votre mari ?
쎄 v보트ㅎ 마히

이 분이 그의 아내야.   C'est sa femme.
쎄 싸 f팜ㅁ

이 사람이 네 전 애인이야?   C'est ton ex ?
쎄 또넼ㅆ

qui

의문 대명사 qui를 사용해 누군지 물어볼 수 있어요.

누구야?   C'est qui ?
쎄 끼

누구세요?   Qui est-ce ?
끼 에 ㅆ

 **오늘의 핵심 표현**

누구야?   C'est qui ?
                              쎄   끼

내 전 애인이야.   C'est mon ex.
                              쎄   모넥ㅆ

누구야?   Qui est-ce ?
                              끼   에   ㅆ

내 선생님이야.   C'est mon professeur.
                              쎄   몽   프호f페쐬ㅎ

ATTENTION ! 구어에서는 prof로 줄여 말하기도 해요.

이 사람은 내 남자 친구야.   C'est mon copain.
                              쎄   몽   꼬빵

이 사람은 내 여자 친구야.   C'est ma copine.
                              쎄   마   꼬삔ㄴ

이 사람이 네 사촌(남자)이야?   C'est ton cousin ?
                              쎄   똥   꾸z장

이 사람이 네 사촌(여자)이야?   C'est ta cousine ?
                              쎄   따   꾸z진ㄴ

내 사촌들이야.   Ce sont mes cousins.
                              쓰   쏭   메   꾸z장

내 선생님들이야.   Ce sont mes professeurs.
                              쓰   쏭   메   프호f페쐬ㅎ

이 분은 그들의 선생님이야.   C'est leur professeur.
                              쎄   뢰ㅎ   프호f페쐬ㅎ

이 분이 당신의 선생님이세요?   C'est votre professeur ?
                              쎄   v보트ㅎ   프호f페쐬ㅎ

Leçon 01 내 전 남자 친구야. C'est mon ex.

이 분은 내 선생님이야. (남자)	**C'est mon prof.** 쎄 몽 프호f
이 분은 내 선생님이야. (여자)	**C'est ma prof.** 쎄 마 프호f
내 남편이에요.	**C'est mon mari.** 쎄 몽 마히
내 아내예요.	**C'est ma femme.** 쎄 마 f팜므
내 아버지셔.	**C'est mon père.** 쎄 몽 뻬ㅎ
네 어머니시구나.	**C'est ta mère.** 쎄 따 메ㅎ
그의 친구야. (남자)	**C'est son ami.** 쎄 쏘나미
그들의 친구들이야.	**Ce sont leurs amis.** 쓰 쏭 뢰ㅎz자미
내 남동생들이야.	**Ce sont mes frères.** 쓰 쏭 메 f프헤ㅎ
나의 동료야.	**C'est mon collègue.** 쎄 몽 꼴레그
당신의 동료들이세요?	**Ce sont vos collègues ?** 쓰 쏭 v보 꼴레그

VOCABULAIRE

collègue (n.m.f.) 동료

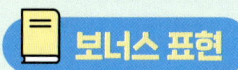 **보너스 표현**

내 아들 Pierre야.
C'est Pierre, mon fils.
쎄 삐에흐 몽 f피쓰

내 딸 Marine이야.
C'est Marine, ma fille.
쎄 마힌 마 f피으

 **오늘의 회화 완성!**

이 사람은 누구야?
Qui est-ce ?
끼 에 쓰

내 전 애인이야.
C'est mon ex.
쎄 모넥쓰

아이고, 미안!
Aïe, pardon !
아이으 빠흐동

 **잠깐 복습!**

1 제시된 한국어에 맞게 프랑스어로 써 보세요.

1) 나의 남편 →
2) 나의 아내 →
3) 나의 남자 친구 →
4) 나의 여자 친구 →

2 다음 중 '이 사람은 누구야?'를 올바르게 표현한 프랑스어 문장을 고르세요.

① C'est quoi ?
② C'est qui ?
③ C'est ça ?

3 다음 중 '그들의 선생님이에요'를 올바르게 표현한 프랑스어 문장을 고르세요.

① C'est votre professeur.
② C'est leurs professeurs.
③ C'est leur professeur.

4 다음 문장을 프랑스어로 쓰고 발음해 보세요.

내 아내예요.

→ _____

5 다음 문장을 프랑스어로 쓰고 발음해 보세요.

이 사람이 네 여자 친구야?

→ _____

6 여자인 사촌들을 소개하려고 합니다. 올바른 문장을 고르세요.

① C'est ma cousine.

② C'est mes cousins.

③ Ce sont mes cousines.

LEÇON 02

짐이 꽤 무겁다!
La valise, elle est assez lourde !

 오늘의 목표

- 사물의 특징 표현하기: être + 형용사
- 명사와 형용사 성·수 일치
- 의문 부사 comment

 오늘의 어휘

벽	mur (n.m.) 뮈ㅎ	침대	lit (n.m.) 리
짐, 캐리어	valise (n.f.) v발리z즈	접시	assiette (n.f.) 아씨에뜨
쿠션	coussin (n.m.) 꾸쌍	창문	fenêtre (n.f.) f프네트ㅎ

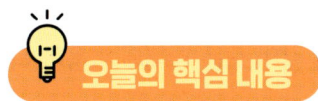
오늘의 핵심 내용

être 동사 + 형용사

être 동사와 형용사로 사물의 상태나 특징을 말할 수 있어요.

그 침대는 크다.　　　　　　　**Le lit est grand.**
　　　　　　　　　　　　　　　르　리　에　그헝

이때, 사물 명사를 구체적으로 지칭할 때는 3인칭 주어 인칭 대명사 il, elle / ils, elles을 써요.

그 침대는 크다.　　　　　　　**Le lit, il est grand.**
　　　　　　　　　　　　　　　르　리　일레　그헝

être 동사 뒤에 오는 형용사는 주어의 성과 수에 따라 형태가 달라져요!

그 짐은 크다.　　　　　　　　**La valise, elle est grande.**
　　　　　　　　　　　　　　　라　v발리z즈　엘레　　그헝ㄷ

형용사 형태를 알아볼까요? 기본적으로 여성형을 만들 때는 -e를 붙이고, 복수형을 만들 때는 -s를 붙여요. 그런데 불규칙한 경우도 있어요. -x로 끝나는 형용사는 여성형을 만들 때 -ce로 바뀌어요. 그리고 남성 복수형은 남성 단수형에서 변화가 없죠. 아래 표를 보며 발음해 볼까요?

	무거운		부드러운	
	남성	여성	남성	여성
단수	**lourd** 루ㅎ	**lourde** 루ㅎ드	**doux** 두	**douce** 두쓰
복수	**lourds** 루ㅎ	**lourdes** 루ㅎ드	**doux** 두	**douces** 두쓰

기본형이 -e로 끝나는 형용사는 여성형에 변화가 없어요. 이 경우 아래와 같이 모든 형태의 발음이 똑같죠? 발음부터 익혀 본다면 어렵지 않을 거예요.

	지저분한		깨끗한	
	남성	여성	남성	여성
단수	sale 쌀르	sale 쌀르	propre 프호프ㅎ	propre 프호프ㅎ
복수	sales 쌀르	sales 쌀르	propres 프호프ㅎ	propres 프호프ㅎ

의문 부사 comment

의문 부사 comment으로 사물이 어떤지 간단하게 물어볼 수 있어요.

이 침대 어때?   Le lit, il est comment ?
르 리 일레 꼬멍

이 침대 어때?   Comment est-il, le lit ?
꼬멍 에띨 르 리

그 접시 어때?   L'assiette, elle est comment ?
라씨에뜨 엘레 꼬멍

그 접시 어때?   Comment est-elle, l'assiette ?
꼬멍 에뗄 라씨에뜨

그 쿠션들 어때?   Les coussins, ils sont comment ?
레 꾸쌍 일 쏭 꼬멍

그 쿠션들 어때?   Comment sont-ils, les coussins ?
꼬멍 쏭띨 레 꾸쌍

이 캐리어 어때?   La valise, elle est comment ?
라 v발리z즈 엘레 꼬멍

이 캐리어 어때?   Comment est-elle, la valise ?
꼬멍 에뗄 라 v발리z즈

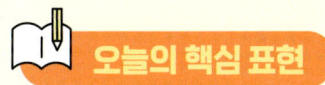 **오늘의 핵심 표현**

벽이 어때?	**Le mur, il est comment ?** 르 뮈ㅎ 일레 꼬멍
그것(벽)이 하얘.	**Il est blanc.** 일레 블렁
침대 어때?	**Comment est-il, le lit ?** 꼬멍 에띨 르 리
그것(침대)은 커.	**Il est grand.** 일레 그헝
이 짐 무겁다!	**Cette valise est lourde !** 쎗 v발리z즈 에 루ㅎ드
쿠션이 부드럽다!	**Le coussin est doux !** 르 꾸쌍 에 두
이 접시들 지저분해.	**Ces assiettes sont sales.** 쎄z자씨에ㄸ 쏭 쌀르
창문들이 깨끗하네.	**Les fenêtres sont propres.** 레 f프네트ㅎ 쏭 프호프ㅎ
창문들이 더럽네.	**Les fenêtres sont sales.** 레 f프네트ㅎ 쏭 쌀르
쿠션들이 파란색이네.	**Les coussins sont bleus.** 레 꾸쌍 쏭 블뢰
이 짐들은 무겁지 않네.	**Ces valises ne sont pas lourdes.** 쎄 v발리z즈 느 쏭 빠 루ㅎ드
그 침대, 그건 작아.	**Ce lit, il est petit.** 쓰 리 일레 쁘띠

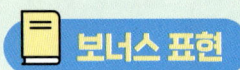

짐이 꽤나 무겁네!

La valise, elle est assez lourde !
라 v발리z즈 엘레   아쎄   루ㅎ드

침대가 꽤나 크네!

Le lit, il est assez grand !
르 리 일레   아쎄   그헝

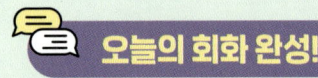

접시 깨끗해?

L'assiette est propre ?
라씨에ㄸ   에   프호프ㅎ

아니, 지저분해.

Non, elle est sale.
농   엘레   쌀

다른 접시 가져올게.

Je prends une autre assiette.
쥬 프헝   위노트ㅎ   아씨에ㄸ

 **잠깐 복습!**

1 다음 문장에서 빈칸에 들어갈 형용사의 올바른 형태를 고르세요.

> 그 짐들은 무거워. → Les valises sont _____.

① lourd　　② lourde　　③ lourds　　④ lourdes

2 빈칸에 알맞은 형태의 형용사를 넣어 문장을 완성하세요.

> 그 벽은 하얘. → Le mur est _____.

① blanc　　② blanche　　③ blancs　　④ blanches

3 다음 문장을 프랑스어로 쓰고 읽어 보세요.

이 쿠션은 부드러워. → _____

4 다음 단어들을 올바른 순서로 배열해 문장을 만드세요.

> fenêtres / propres / sont / les

→ _____

LEÇON 03

세 시 반이야.
Il est quinze heures et demie.

 오늘의 목표

- 시간 묻고 답하기
- 비인칭 주어
- 약속 시간 정하기

 오늘의 어휘

일찍	tôt 또	늦게	tard 따ㅎ
15분	quart (n.m.) 꺄ㅎ	30분	demie (n.f.) 드미

오늘의 핵심 내용

의문 형용사 quel

의문 형용사 quel도 '형용사'죠. 마찬가지로 함께 나오는 명사에 따라 모양이 달라져요.

	남성	여성
단수	quel 껠	quelle 껠
복수	quels 껠	quelles 껠

시간 묻고 답하기

의문 형용사 quel을 사용해 몇 시인지 물어볼 수 있어요. 시간을 말할 때는 비인칭 주어 il과 être 동사를 사용해요.

몇 시예요?　　　　　Il est quelle heure ?
　　　　　　　　　일레　껠뢰ㅎ

몇 시예요?　　　　　Quelle heure est-il ?
　　　　　　　　　껠뢰ㅎ　　　에띨

1시야.　　　　　　　Il est une heure.
　　　　　　　　　일레　위뇌ㅎ

30분은 et demie, 15분은 et quart로 말할 수 있어요.

1시 반이야.　　　　Il est une heure et demie.
　　　　　　　　　일레　위뇌ㅎ　　에 드미

1시 15분이야.　　　Il est une heure et quart.
　　　　　　　　　일레　위뇌ㅎ　　에 꺄ㅎ

시기와 때는 C'est

시기나 때를 표현할 땐 C'est를 사용해요.

늦었네.　　　　　　　　　**C'est tard.**
　　　　　　　　　　　　　쎄　　따ㅎ

이르네.　　　　　　　　　**C'est tôt.**
　　　　　　　　　　　　　쎄　　또

'몇 시에'는 à !

'몇 시에'를 표현할 때는 전치사 à를 써요!

나 11시에 시간 돼.　　　　**Je suis libre à onze heures.**
　　　　　　　　　　　　　쥬　쒸　　리브ㅎ　아　옹z죄ㅎ

나 오후 2시에 시간 안 돼.　**Je ne suis pas libre à quatorze heures.**
　　　　　　　　　　　　　쥬　느　쒸　　빠　리브ㅎ　아　꺄또ㅎz죄ㅎ

나는 7시 반에 출근해.　　　**Je vais au travail à sept heures et demie.**
　　　　　　　　　　　　　쥬　v베　오　트하v바이　아　쎄뙤ㅎ　　에　드미

나 8시에 학교 가.　　　　　**Je vais à l'école à huit heures.**
　　　　　　　　　　　　　쥬　v베　　아 레꼴　　아　위뙤ㅎ

나 오후 1시 반에 버스를 타.　**Je prends le bus à treize heures**
　　　　　　　　　　　　　쥬　프헝　　르　뷔ㅅ　아　트헤z죄ㅎ
　　　　　　　　　　　　　et demie.
　　　　　　　　　　　　　에　드미

나 오후 3시에 일이 끝나.　　**Je finis mon travail à quinze heures.**
　　　　　　　　　　　　　쥬　프힝　몽　트하v바이　아　꺙z죄ㅎ

 **오늘의 핵심 표현**

몇 시야?	**Il est quelle heure ?** 일레 껠뢰ㅎ
10시야.	**Il est dix heures.** 일레 디z죄ㅎ
몇 시야?	**Quelle heure est-il ?** 껠뢰ㅎ 에띨
14시야.	**Il est quatorze heures.** 일레 꺄또ㅎz죄ㅎ
15시 반이야.	**Il est quinze heures et demie.** 일레 꺙z죄ㅎ 에 드미
18시 15분이야.	**Il est dix-huit heures et quart.** 일레 디z쥐뙤ㅎ 에 꺄ㅎ
아침 6시야.	**Il est six heures du matin.** 일레 씨z죄ㅎ 뒤 마땅
저녁 8시야.	**Il est huit heures du soir.** 일레 위뙤ㅎ 뒤 쑤아ㅎ
너 19시에 시간 돼?	**Tu es libre à dix-neuf heures ?** 뛰 에 리브ㅎ 아 디z즈뇌v뵈ㅎ
나 20시에 시간 돼.	**Je suis libre à vingt heures.** 쥬 쒸 리브ㅎ 아 v방뙤ㅎ
너무 이르다!	**C'est trop tôt !** 쎄 트호 또
너무 늦다!	**C'est trop tard !** 쎄 트호 따ㅎ

Leçon **03** 세 시 반이야. Il est quinze heures et demie.

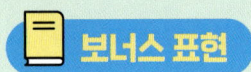 **보너스 표현**

 16시에 보자!
À seize heures !
아 쎄z죄ㅎ

 17시에 보자!
À dix-sept heures !
아 디 쎄뜨ㅎ

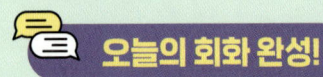 **오늘의 회화 완성!**

 지금 몇 시야?
Il est quelle heure maintenant ?
일레 껠뢰ㅎ 망뜨넝

 7시 반이야.
Il est sept heures et demie.
일레 쎄뜨ㅎ 에 드미

 가자, 그럼!
On y va alors !
오니 v바 알로ㅎ

1 다음 중 15시 30분을 프랑스어로 올바르게 나타낸 문장을 고르세요.

   ① Il est trois heures et demi.
   ② Il est quinze heures et demie.
   ③ Il est quinze heures et quart.
   ④ Il est trente heures et demie.

2 다음 문장을 프랑스어로 쓰고 읽어 보세요.

   너 19시에 시간 돼?
   →

3 다음 질문에 대한 답을 프랑스어로 쓰고 읽어 보세요.

   | Il est quelle heure maintenant ? |

   →

LEÇON 04

어디가 아파?
Tu as mal où ?

음원 바로 듣기

오늘의 목표

- 신체 부위 명칭
- à 축약 관사 복습
- 어디가 아픈지 묻고 답하기

오늘의 어휘

머리	tête (n.f.) 떼뜨	등, 허리	dos (n.m.) 도
귀	oreille (n.f.) 오헤이으	배	ventre (n.m.) v벙트ㅎ
눈	yeux (n.m.pl.) 이외	치아	dents (n.f.pl.) 덩
다리	jambes (n.f.pl.) 졍브	발	pieds (n.m.pl.) 삐예

avoir + 신체 상태

avoir 동사로 신체 상태를 표현할 수 있었어요.

나 아파.　　　　　　　　　　　J'ai mal.
　　　　　　　　　　　　　　　쥐　　말

아픈 부위 말하기

'avoir mal à + 정관사 + 신체 부위'로 어디가 아픈지 말할 수 있어요.

나 머리가 아파.　　　　　　　　J'ai mal à la tête.
　　　　　　　　　　　　　　　쥐　말　알 라 떼뜨

나 귀가 아파.　　　　　　　　　J'ai mal à l'oreille.
　　　　　　　　　　　　　　　쥐　말라　　로헤이으

너 머리 아프구나.　　　　　　　Tu as mal à la tête.
　　　　　　　　　　　　　　　뛰 아 말　알 라 떼뜨

그녀는 귀가 아파.　　　　　　　Elle a mal à l'oreille.
　　　　　　　　　　　　　　　엘라　말라　　로헤이으

의문 부사 où는 '어디(에)'라는 의미예요. où로 어디가 아픈지 물어볼 수 있어요.

어디가 아파요?　　　　　　　　Tu as mal où ?
　　　　　　　　　　　　　　　뛰 아 말　우

어디가 아파요?　　　　　　　　Où est-ce que tu as mal ?
　　　　　　　　　　　　　　　우　에쓰끄　　　뛰 아 말

'à + 정관사' 축약

à 뒤에 정관사가 오면 축약을 한다고 배웠죠. Lv. 1에서는 à를 장소를 나타내는 전치사로 사용했지만, 장소뿐만 아니라 다양한 곳에서 사용되는 전치사예요. 신체 부위가 아프다고 표현할 때도 à 전치사를 사용해요. 마치 '그 부위에 아픔을 가지고 있다'고 표현하는 것과 같죠.

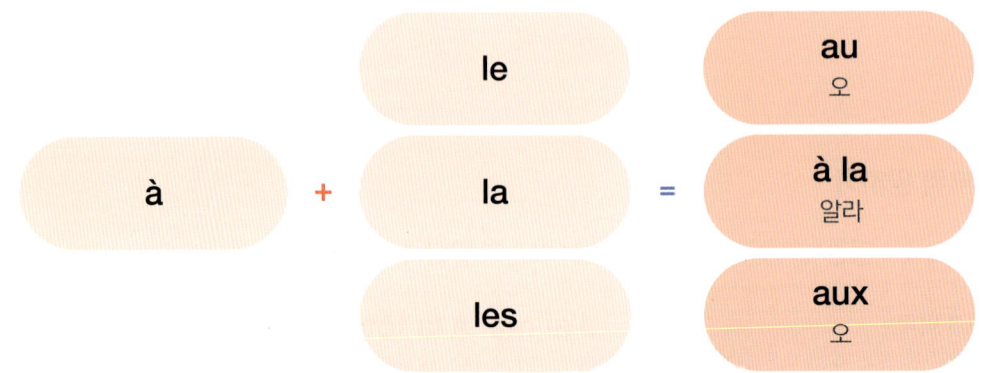

ATTENTION ! 모음이나 무성 h로 시작하는 단수 명사 앞에서는 à l'로 축약해요.

나 허리가 아파.
J'ai mal au dos.
쥐 말로 도

그녀는 머리가 아프대요.
Elle a mal à la tête.
엘라 말 알라 떼뜨

그들은 발이 아프대요.
Ils ont mal aux pieds.
일z종 말로 삐예

귀가 아프세요?
Vous avez mal à l'oreille ?
v부z자v베 말라 로헤이으

그녀들은 다리가 아프대요.
Elles ont mal aux jambes.
엘z종 말로 정ㅂ

너 배 아파?
Tu as mal au ventre ?
뛰 아 말로 v벙트ㅎ

 **오늘의 핵심 표현**

어디가 아파?	Tu as mal où ? 뛰 아 말 우

어디가 아파? Tu as mal où ?
뛰 아 말 우

나 머리가 아파. J'ai mal à la tête.
쥬에 말 알라 떼뜨

어디가 아파? Où est-ce que tu as mal ?
우 에쓰끄 뛰 아 말

나 허리가 아파. J'ai mal au dos.
쥬에 말로 도

그는 귀가 아프대? Il a mal à l'oreille ?
일라 말라 로헤이으

그녀는 눈이 아프대? Elle a mal aux yeux ?
엘라 말로z지외

우리는 다리가 아파. Nous avons mal aux jambes.
누z자v봉 말로 정ㅂ

배가 아프세요? Vous avez mal au ventre ?
v부z자v베 말로 v벙트ㅎ

그들은 치아가 아프대요. Ils ont mal aux dents.
일z종 말로 덩

그녀들은 발이 아프대요. Elles ont mal aux pieds.
엘z종 말로 삐예

나 머리 안 아파. Je n'ai pas mal à la tête.
쥬 네 빠 말 알라 떼뜨

눈 안 아프세요? Vous n'avez pas mal aux yeux ?
v부 나v베 빠 말로z지외

너 배 안 아프구나. Tu n'as pas mal au ventre.
뛰 나 빠 말로 v벙트ㅎ

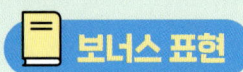 **보너스 표현**

 오늘 아침부터 머리가 아파.

J'ai mal à la tête depuis ce matin.
쉐 말 알 라 떼뜨 드쀠 쓰 마땅

 오늘 아침부터 배가 아파.

J'ai mal au ventre depuis ce matin.
쉐 말 로 ᵛ벙트ㅎ 드쀠 쓰 마땅

 **오늘의 회화 완성!**

 괜찮아?

Ça va ?
싸 ᵛ바

 아니, 나 아침부터 배가 아파.

Non, j'ai mal au ventre depuis ce matin.
농 쉐 말 로 ᵛ벙트ㅎ 드쀠 쓰 마땅

 이런, 불쌍해라...

Ma pauvre...
마 뽀ᵛ브ㅎ

 잠깐 복습!

1 다음을 축약하세요.

1) à + le dos → _____

2) à + les dents → _____

2 빈칸에 알맞은 말을 넣어 문장을 완성하세요.

어디가 아파? → _____ est-ce que tu _____ mal ?

3 다음 중 '그는 귀가 아파'를 올바르게 표현한 프랑스어 문장을 고르세요.

① Il a mal au oreille.

② Il est mal à la oreille.

③ Il a mal à l'oreille.

④ Il est mal à l'oreille.

4 다음 프랑스어를 올바르게 배열해 문장을 완성하세요.

avons / aux jambes / mal / nous

우리는 다리가 아파. → _____

LEÇON 05

음원 바로 듣기

1~4강 복습
Révision

 오늘의 목표

- 1~4강 복습 퀴즈
- 병원에서의 대화문

 오늘의 어휘

| ~부터 | depuis
드쀠 | 언제,
~할 때 | quand
껑 |

다음 한국어 뜻에 맞는 프랑스어 문장을 고르세요. (복수 정답 가능)

1 이 사람들은 내 사촌들이야.

A. C'est mon cousin.

B. Ce sont mes cousins.

C. C'est ma tante.

2 그들은 12살이야.

A. Ils sont douze ans.

B. Ils ont douze ans.

C. Ils ont deux ans.

3 이분이 당신의 아내인가요?

A. C'est ma femme.

B. C'est votre mari ?

C. C'est votre femme ?

4 내 남편은 45살이에요.

A. Mon mari a quarante-cinq ans.

B. Mon mari a cinquante-quatre ans.

C. Mon mari a quatre-vingts ans.

5 짐이 정말 무겁다.

A. La valise est vraiment lourde.

B. La valise est vraiment légère.

C. Les coussins sont doux.

6 침대 어때?

A. Comment est-elle, l'assiette ?

B. Comment est-il, le mur ?

C. Comment est-il, le lit ?

7 몇 시야?

A. Il est quelle heure ?

B. Quelle heure est-il ?

C. Il est heure quelle ?

8 아침 7시야.

A. Il est une heure de l'après-midi.

B. Il est sept heures du matin.

C. Il est sept heures du soir.

9 그녀는 어디가 아프대요?

  A. Vous avez mal où ?

  B. Elle a mal où ?

  C. Tu as mal où ?

10 그녀는 허리가 아프대요.

  A. Elle a mal au dos.

  B. Elle a mal au ventre.

  C. Elle a mal à la gorge.

 **표현 한 걸음 더!**

▶ 실전 회화: 동생 병원 데려가기

이 아이는 제 남동생 폴이에요.
C'est Paul, mon frère.
쎄   뽈   몽   f프헤ㅎ

그는 어디가 아픈가요?
Il a mal où ?
일라 말   우

그는 머리와 배가 아파요.
Il a mal à la tête et au ventre.
일라 말   알라 떼뜨 에 오 v벙트ㅎ

언제부터요?
Depuis quand ?
드쀠   껑

오늘 아침부터 아파요.
Il a mal depuis ce matin.
일라 말   드쀠   쓰 마땅

괜찮니, 폴?
Ça va, Paul ?
싸   v바 뽈

아니요, 괜찮지 않아요.
Non, ça ne va pas.
농   싸 느 v바 빠

그래, 한번 보자.
D'accord, on va regarder.
다꼬ㅎ   옹 v바 흐갸흐데

LEÇON 06

네 전화번호가 뭐야?
Quel est ton numéro de téléphone ?

음원 바로 듣기

오늘의 목표

- 의문사 quel 활용
- 이름, 직업, 국적 등을 묻고 답하기
- 전화번호 말하기

오늘의 어휘

이름	prénom (n.m.) 프헤농	국적	nationalité (n.f.) 나씨오날리떼
직업	métier (n.m.) 메띠에	제빵사	boulanger(ère) 불렁줴(ㅎ)
전화번호	numéro de telephone (n.m.) 뉘메호 드 뗄레f폰ㄴ		

오늘의 핵심 내용

의문 형용사 quel 복습

의문 형용사 quel은 함께 나오는 명사에 따라 모양이 달라져요. 4가지 형태의 발음이 모두 동일하죠?

	남성	여성
단수	quel 껠	quelle 껠
복수	quels 껠	quelles 껠

Quel을 사용해 궁금한 것을 물어볼 수 있어요.

네 이름은 뭐야?   **Quel** est ton prénom ?
　　　　　　　　　껠레　　똥　프헤농

Quel의 모양은 être 동사와 쓰인 명사의 성, 수에 따라 달라져요.

남성 단수형		남성 단수형 소유 형용사	남성 단수 명사
Quel	est	ton	prénom ?

여성 단수형		여성 단수형 소유 형용사	여성 단수 명사
Quelle	est	ta	nationalité ?

답할 때에는 '나'를 기준으로 소유 형용사만 바꿔 주면 돼요!

내 이름은 Juliette이야.　　**Mon** prénom est Juliette.
　　　　　　　　　　　　몽　　프헤농　　에　쥘리에뜨

Leçon 06 네 전화번호가 뭐야? Quel est ton numéro de téléphone ?

국적 형용사

국적을 말할 때는 이름, 직업을 말할 때처럼 être 동사 다음에 국적 형용사를 넣으면 돼요!

나는 한국인(여자)이야.　　　**Je suis coréenne.**
　　　　　　　　　　　　　　쥬　쒸　꼬헤엔ㄴ

	남성형	여성형
한국(인)의	coréen 꼬헤앙	coréenne 꼬헤엔ㄴ
프랑스(인)의	français f프헝쎄	française f프헝쎄z즈
일본(인)의	japonais 쟈뽀네	japonaise 쟈뽀네z즈
중국(인)의	chinois 쉬누아	chinoise 쉬누아z즈
미국(인)의	américain 아메히꺙	américaine 아메히껜ㄴ

프랑스 전화번호 말하기

프랑스의 국가 번호는 33, 전화번호는 총 10자리로, 일반적으로 C'est le 다음에 2자리씩 끊어 말해요.

06 12 34 56 78이야.　　　**C'est le zéro six, douze, trente-quatre,**
　　　　　　　　　　　　　쎄　르 z제호 씨ㅆ 두z즈　트헝　꺄트ㅎ
　　　　　　　　　　　　　cinquante-six, soixante-dix-huit.
　　　　　　　　　　　　　쌍껑　　　씨ㅆ 쑤아썽　디z쥐ㄸ

 **오늘의 핵심 표현**

네 이름이 뭐야?   Quel est ton prénom ?
껠레 똥 프헤농

내 이름은 Juliette이야.   Mon prénom est Juliette.
몽 프헤농 에 쥘리에ㄸ

성함이 어떻게 되세요?   Quel est votre prénom ?
껠레 v보트ㅎ 프헤농

제 이름은 Juliette이에요.   Mon prénom est Juliette.
몽 프헤농 에 쥘리에ㄸ

국적이 어떻게 되세요?   Quelle est votre nationalité ?
껠레 v보트ㅎ 나씨오날리떼

저는 한국인이에요. (여자)   Je suis coréenne.
쥬 쒸 꼬헤엔ㄴ

그의 직업은 뭐야?   Quel est son métier ?
껠레 쏭 메띠에

그는 제빵사야.   Il est boulanger.
일레 불렁줴

그녀의 직업은 뭐야?   Quel est son métier ?
껠레 쏭 메띠에

그녀는 제빵사야.   Elle est boulangère.
엘레 불렁줴ㅎ

네 전화번호가 뭐야?   Quel est ton numéro de téléphone ?
껠레 똥 뉘메호 드 뗄레f폰ㄴ

06 12 78 45 34야.   C'est le zéro six, douze, soixante-dix-huit,
쎄 르 z제호 씨ㅆ 두z즈 쑤아썽 디z쥐ㄸ
quarante-cinq, trente-quatre.
꺄헝 쌍끄 트헝 꺄트ㅎ

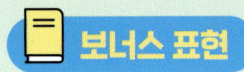 보너스 표현

 네 이름은 뭐야?

C'est quoi, ton prénom ?
쎄   꾸아   똥   프헤농

 그(그녀)의 직업은 뭐야?

C'est quoi, son métier ?
쎄   꾸아   쏭   메띠에

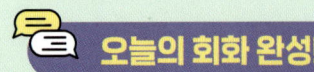 오늘의 회화 완성!

 저 사람 이름이 뭐야?

Quel est son prénom ?
껠레   에   쏭   프헤농

 그의 이름은 루이야.

Son prénom est Louis.
쏭   프헤농   에   루이

 전화번호는? 저 사람 내 스타일이야.

Et son numéro de téléphone ? Il est mon genre.
에 쏭   뉘메호   드   뗄레f폰ㄴ   일레   몽   정ㅎ

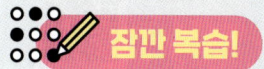

1 Quel의 형태는 어떤 것에 따라 달라질까요?

　① 뒤에 오는 명사의 성·수에 따라

　② 주어에 따라

　③ 동사의 시제에 따라

2 다음 문장을 프랑스어로 쓰고 읽어 보세요.

　네 이름이 뭐야?

　→ _____

3 다음 질문에 자신의 국적에 맞게 답하고 읽어 보세요.

> Quelle est ta nationalité ?

　→ _____

4 다음 대화에서 B의 전화번호 숫자를 글자로 쓰고 읽어 보세요.

> A: Quel est ton numéro de téléphone ?
> B: C'est le 06 21 78 99 30.

　→ C'est le zéro six _____.

LEÇON 07

주말에 뭐 해?
Tu fais quoi le week-end ?

음원바로 듣기

 오늘의 목표

- faire 동사의 현재 시제 동사 변화
- 기본적인 활동 표현하기
- 의문 대명사 quoi

 오늘의 어휘

낮잠	sieste (n.f.) 씨에스뜨	청소, 가사	ménage (n.m.) 메나쥬
설거지	vaisselle (n.f.) v베쎌	빨래	lessive (n.f.) 레씨v브

 **오늘의 핵심 내용**

faire 동사

'하다, 만들다'의 의미로 영어의 do, make 동사와 비슷해요. 기본적인 활동이나 취미를 표현할 수 있어요.

하다, 만들다: faire (3군 불규칙 동사)			
Je 쥬	**fais** f페	Nous 누	**faisons*** f프z종
Tu 뛰	**fais** f페	Vous v부	**faites** f페뜨
Il / Elle 일 엘	**fait** f페	Ils / Elles 일 엘	**font** f퐁

✅ **ATTENTION !** faisons에서는 예외적으로 ai를 [에]가 아닌 [으]로 발음해요!

의문 대명사 quoi

의문 대명사 quoi는 '무엇을'이라는 뜻이에요. faire 동사와 함께 무엇을 하는지 물어볼 수 있어요.

너 뭐 해?　　　　　　　　**Tu fais quoi ?**
　　　　　　　　　　　　　뛰　f페　꾸아

뭐 하세요?　　　　　　　　**Vous faites quoi ?**
　　　　　　　　　　　　　v부　f페뜨　꾸아

그는 뭐 해?　　　　　　　　**Il fait quoi ?**
　　　　　　　　　　　　　일 f페　꾸아

faire 동사 + 명사

무엇을 하는지에 대한 대답은 faire 동사와 동작, 활동에 대한 명사로 할 수 있어요.

낮잠을 자다	**faire la sieste** f페ㅎ 라 씨에스뜨
청소를 하다	**faire le ménage** f페ㅎ 르 메나쥬
설거지를 하다	**faire la vaisselle** f페ㅎ 라 v베쎌
빨래를 하다	**faire la lessive** f페ㅎ 라 레씨v브

나는 청소해. **Je fais le ménage.**
쥬 f페 르 메나쥬

나는 케이크를 만들어. **Je fais du gâteau.**
쥬 f페 뒤 갸또

너 낮잠 잘 거야? **Tu vas faire la sieste ?**
뛰 v바 f페ㅎ 라 씨에스뜨

그는 빨래를 한다. **Il fait la lessive.**
일 f페 라 레씨v브

그들은 설거지를 한다. **Ils font la vaisselle.**
일 f퐁 라 v베쎌

우리는 청소할 거야. **Nous allons faire le ménage.**
누z잘롱 f페ㅎ 르 메나쥬

 **오늘의 핵심 표현**

너 뭐 해?   **Tu fais quoi ?**
뛰 f페 꾸아

나 청소해.   **Je fais le ménage.**
쥬 f페 르 메나쥬

뭐 하세요?   **Vous faites quoi ?**
v부 f페뜨 꾸아

저 설거지해요.   **Je fais la vaisselle.**
쥬 f페 라 v베쎌

그는 뭐 해?   **Il fait quoi ?**
일 f페 꾸아

그는 케이크를 만들어.   **Il fait du gâteau.**
일 f페 뒤 갸또

너 빨래하는 거야?   **Tu fais la lessive ?**
뛰 f페 라 레씨v브

나 빨래해.   **Je fais la lessive.**
쥬 f페 라 레씨v브

그는 낮잠 자.   **Il fait la sieste.**
일 f페 라 씨에스뜨

그녀는 낮잠 자.   **Elle fait la sieste.**
엘 f페 라 씨에스뜨

우리는 청소해.   **Nous faisons le ménage.**
누 f프z종 르 메나쥬

설거지하시는군요.   **Vous faites la vaisselle.**
v부 f페뜨 라 v베쎌

그들은 오믈렛(들)을 만들어요.   **Ils font des omelettes.**
일 f퐁 데z조믈레뜨

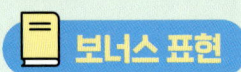 **보너스 표현**

 나는 주말에(주말마다) 청소해.

Je fais le ménage le week-end.
쥬 f페 르 메나쥬 르 위껜ㄷ

 나는 주말에(주말마다) 빨래해.

Je fais la lessive le week-end.
쥬 f페 라 레씨v브 르 위껜ㄷ

 **오늘의 회화 완성!**

 너는 주말에 뭐 해?

Tu fais quoi le week-end ?
뛰 f페 꾸아 르 위껜ㄷ

 나는 청소하고 나서 낮잠을 자.

Je fais le ménage et après, je fais la sieste.
쥬 f페 르 메나쥬 에 아프헤 쥬 f페 라 씨에스뜨

 네 주말 너무 좋은데!

Trop bien, ton week-end !
트호 비앙 똥 위껜ㄷ

 **잠깐 복습!**

1 다음 중 '너 뭐 해?'를 올바르게 표현한 프랑스어 문장을 고르세요.

① Tu es où ?

② Tu fais quoi ?

③ Tu fais quand ?

④ Tu fais comment ?

2 다음 중 '그녀는 설거지해'를 올바르게 표현한 프랑스어 문장을 고르세요.

① Elle fait la lessive.

② Elle fait la vaisselle.

③ Elle fait le ménage.

④ Elle fait la sieste.

3 다음 문장을 프랑스어로 쓰고 읽어 보세요.

1) 그는 주말에 뭐 해요? →

2) 그들은 주말마다 청소해. →

4 다음 프랑스어를 올바르게 배열해 문장을 완성하세요.

du / week-end / le / faites / vous / pain

당신은 주말에 빵을 만드시는군요. →

LEÇON 08

음원바로 듣기

다음 주 토요일에 뭐 해?
Tu fais quoi samedi prochain ?

 오늘의 목표

- faire 동사 복습
- 요일 표현하기
- 의문사 quand

 오늘의 어휘

| 휴식 | pause (n.f.) 뽀ㅈ즈 | 매일 | tous les jours 뚤레 쥬ㅎ |

오늘의 핵심 내용

faire 동사 + 소유 형용사

faire 동사 뒤에 '소유 형용사 + 명사'를 넣어 개인적인 일상 동작이나 소지품, 루틴 등을 표현할 수 있어요.

짐을 싸다	faire sa valise f페ㅎ 싸 v발리z즈
가방을 싸다	faire son sac f페ㅎ 쏭 싹
침대 정리를 하다	faire son lit f페ㅎ 쏭 리
숙제를 하다	faire ses devoirs f페ㅎ 쎄 드v부아ㅎ

✅ **ATTENTION !** 원형 구문에서 소유 형용사를 표현할 때는 son, sa, ses로 써요.

나는 짐을 싼다.   Je fais ma valise.
　　　　　　　　쥬 f페 마 v발리z즈

quand

의문 부사 quand을 사용해 '언제' 하는지 물어볼 수 있어요.

너 짐 언제 싸?   Tu fais ta valise quand ?
　　　　　　　　뛰 f페 따 v발리z즈 껑

너 짐 언제 싸?   Quand est-ce que tu fais ta valise ?
　　　　　　　　껑떼쓰끄　　　　　뛰 f페 따 v발리z즈

요일 말하기

월요일	lundi 랑디
화요일	mardi 마흐디
수요일	mercredi 멕크흐디
목요일	jeudi 쥬디
금요일	vendredi v벙드흐디
토요일	samedi 쌈디
일요일	dimanche 디멍슈

✓ ATTENTION ! 요일은 모두 남성 명사예요!

토요일마다 (매주 토요일에)   le samedi
                                         르 쌈디

                                         = tous les samedis
                                            뚤레   쌈디

이번 주 토요일   ce samedi
                                         쓰 쌈디

다음 주 토요일   samedi prochain
                                         쌈디   프호샹

다음 주 토요일에 뭐 해?   Tu fais quoi samedi prochain ?
                                         뛰 f페 꾸아 쌈디   프호샹

✓ ATTENTION ! 가까운 미래를 말할 때는 현재 시제도 많이 써요!

 **오늘의 핵심 표현**

너 짐 언제 싸?	Tu fais ta valise quand ? 뛰 f페 따 v발리z즈 껑
나는 이번 주 토요일에 짐 싸.	Je fais ma valise ce samedi. 쥬 f페 마 v발리z즈 쓰 쌈디
언제 쉬세요?	Vous faites une pause quand ? v부 f페뜨 윈 뽀z즈 껑
이번 주 일요일에 쉬어요.	Je fais une pause ce dimanche. 쥬 f페 윈 뽀z즈 쓰 디멍슈
그녀는 매일 침대 정리를 해요.	Elle fait son lit tous les jours. 엘 f페 쏭 리 뚤레 쥬ㅎ
그녀는 아침에 가방을 싸요.	Elle fait son sac le matin. 엘 f페 쏭 싹 르 마땅
우리는 이번 주 금요일에 숙제를 할 거예요.	Nous allons faire nos devoirs ce vendredi. 누z잘롱 f페ㅎ 노 드v부아ㅎ 쓰 v벙드흐디
우리는 다음 주 금요일에 숙제를 할 거예요.	Nous allons faire nos devoirs 누z잘롱 f페ㅎ 노 드v부아ㅎ vendredi prochain. v벙드흐디 프호샹
당신은 짐을 싸고 있군요.	Vous faites votre valise. v부 f페뜨 v보트ㅎ v발리z즈
그들은 수요일마다 휴식을 해요.	Ils font une pause tous les mercredis. 일 f퐁 윈 뽀z즈 뚤레 멕크흐디

Leçon 08 다음 주 토요일에 뭐 해? Tu fais quoi samedi prochain ?

보너스 표현

 방금 숙제했어.

Je viens de faire mes devoirs.
쥬 v비앙 드 f페ㅎ 메 드v부아ㅎ

방금 짐 쌌어.

Je viens de faire ma valise.
쥬 v비앙 드 f페ㅎ 마 v발리z즈

 **오늘의 회화 완성!**

 다음 주 토요일에 뭐 해?

Tu fais quoi samedi prochain ?
뛰 f페 꾸아 쌈디 프호샹

 나 잠시 쉴 거야.

Je vais faire une petite pause.
쥬 v베 f페ㅎ 윈 쁘띠뜨 뽀z즈

 짐은 언제 싸려고?

Tu fais ta valise quand ?
뛰 f페 따 v발리z즈 껑

 **잠깐 복습!**

1 다음 중 '언제 짐 싸?'를 올바르게 표현한 프랑스어 문장을 고르세요.

① Tu fais ta valise où ?
② Tu fais ta valise quand ?
③ Tu fais ta valise pourquoi ?
④ Tu fais ta valise comment ?

2 다음 문장을 프랑스어로 쓰고 읽어 보세요.

나는 다음 주 월요일에 짐 쌀 거야.

→ _____

3 다음 문장을 프랑스어로 쓰고 읽어 보세요.

그녀는 매일 그녀의 침대를 정리해요.

→ _____

4 다음 프랑스어를 올바르게 배열해 문장을 완성하세요.

| les / tous / ils / mercredis / pause / une / font |

그들은 수요일마다 쉬어요.

→ _____

LEÇON 09

나는 일주일에 한 번 수영을 해.
Je fais de la natation une fois par semaine.

오늘의 목표

- 운동, 악기 연주 등 취미 표현하기
- 일주일에 몇 번 활동을 하는지 표현하기

오늘의 어휘

번, 회	fois (n.f.) f푸아	일주일	semaine (n.f.) 쓰멘ㄴ

오늘의 핵심 내용

부분 관사 복습

부분 관사는 '부분'을 나타내는 관사라는 뜻이에요. 셀 수 없는 명사, 추상 명사 등과 함께 사용해요.

남성 단수	여성 단수	복수 (남성, 여성)
du 뒤	**de la** 들라	**des** 데

✓ **ATTENTION !** 모음이나 무성 h로 시작하는 단수 명사 앞에서는 de l'로 축약해요.

운동 활동 표현하기

운동에 관한 여러 가지 이야기를 할 수 있죠. 그 '운동' 자체에 대한 설명을 할 때는 정관사를 쓸 때가 많아요. 그런데 '활동'에 대한 이야기를 하면, 운동이라는 개념 중 일부의 활동을 한다고 보고 부분 관사를 사용해요.

▶ **남성 명사일 경우**

운동을 하다   **faire du sport**
                f페ㅎ 뒤 스뽀ㅎ

테니스를 치다   **faire du tennis**
                f페ㅎ 뒤 떼니ㅆ

스키를 타다   **faire du ski**
                f페ㅎ 뒤 스끼

필라테스를 하다 **faire du pilates**
                f페ㅎ 뒤 삘라ㄸ

▶ **여성 명사일 경우**

수영을 하다   **faire de la natation**
                f페ㅎ 들라 나따씨옹

춤을 추다   **faire de la danse**
                f페ㅎ 들라 덩ㅆ

악기 연주에 대해 표현하기

'악기 연주'에 대해 말할 때도 그 악기라는 개념 중 일부의 연주 활동을 한다는 의미로 부분 관사를 써요. 우리에게는 없는 개념이라 생소하게 느껴지죠. 아래 예시들을 통으로 많이 발음해 보면 자연스럽게 익힐 수 있어요.

▶ 남성 명사일 경우

| 피아노를 치다 | **faire du piano** |
| | f페ㅎ 뒤 삐아노 |

| 바이올린을 켜다 | **faire du violon** |
| | f페ㅎ 뒤 v비올롱 |

▶ 여성 명사일 경우

| 음악 활동을 하다 | **faire de la musique** |
| | f페ㅎ 들라 뮈z지ㄲ |

| 기타를 치다 | **faire de la guitare** |
| | f페ㅎ 들라 기따ㅎ |

| 플루트를 불다 | **faire de la flûte** |
| | f페ㅎ 들라 f플뤼ㄸ |

| 클라리넷을 불다 | **faire de la clarinette** |
| | f페ㅎ 들라 끌라히네ㄸ |

일주일에 몇 번

일주일에 몇 번 활동을 하는지 표현해 봐요!

| 일주일에 한 번 | **une fois par semaine** |
| | 윈 f푸아 빠 쓰멘ㄴ |

| 일주일에 두 번 | **deux fois par semaine** |
| | 되 f푸아 빠 쓰멘ㄴ |

| 일주일에 세 번 | **trois fois par semaine** |
| | 트후아 f푸아 빠 쓰멘ㄴ |

> **ATTENTION !** fois가 여성 명사이기 때문에 '한 번'은 une fois로 써요!

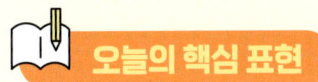 오늘의 핵심 표현

너 운동하니? Tu fais du sport ?
뛰 f페 뒤 스뽀ㅎ

나 필라테스 해. Je fais du pilates.
쥬 f페 뒤 삘라뜨

음악 활동 하세요? Vous faites de la musique ?
v부 f페뜨 들라 뮈z지끄

저 피아노 쳐요. Je fais du piano.
쥬 f페 뒤 삐아노

저는 수영을 해요. Je fais de la natation.
쥬 f페 들라 나따씨옹

저는 일주일에 두 번 수영을 해요. Je fais de la natation
쥬 f페 들라 나따씨옹
deux fois par semaine.
되 f푸아 빡 쓰멘ㄴ

그는 일주일에 세 번 테니스를 쳐요. Il fait du tennis trois fois par semaine.
일 f페 뒤 떼니쓰 트후아 f푸아 빡 쓰멘ㄴ

그녀는 스키를 타요. Elle fait du ski.
엘 f페 뒤 스끼

우리는 춤을 춰요. Nous faisons de la danse.
누 f프z종 들라 덩쓰

우리는 일주일에 네 번 춤을 춰요. Nous faisons de la danse
누 f프z종 들라 덩쓰
quatre fois par semaine.
꺄트ㅎ f푸아 빡 쓰멘ㄴ

당신은 기타를 치시는군요. Vous faites de la guitare.
v부 f페뜨 들라 기따ㅎ

그들은 일주일에 한 번 바이올린을 켜요. Ils font du violon une fois par semaine.
일 f퐁 뒤 v비올롱 윈 f푸아 빡 쓰멘ㄴ

Leçon 09 나는 일주일에 한 번 수영을 해. Je fais de la natation une fois par semaine.

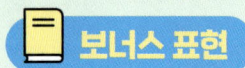 **보너스 표현**

나는 수영하는 거 좋아해.

J'aime faire de la natation.
젬   f페ㅎ 들라   나따씨옹

나는 피아노 치는 거 좋아해.

J'aime faire du piano.
젬   f페ㅎ 뒤   삐아노

 오늘의 회화 완성!

너는 시간 있을 때 뭐 해?

Tu fais quoi quand tu es libre ?
뛰 f페 꾸아 껑   뛰 에 리브ㅎ

나는 기타 쳐.

Je fais de la guitare.
쥬 f페 들라   기따ㅎ

멋지다, 나는 춤을 춰.

Génial, moi je fais de la danse.
제니알   무아 쥬 f페 들라   덩ㅆ

1 다음 문장을 프랑스어로 쓰세요.

1) 그는 테니스를 쳐요.
   → _____

2) 우리는 음악 활동을 해요.
   → _____

2 다음 중 '나는 피아노를 쳐'를 올바르게 표현한 프랑스어 문장을 고르세요.

① Je fais de la piano.
② Je fais de le piano.
③ Je fais de piano.
④ Je fais du piano.

3 다음 문장을 프랑스어로 쓰고 읽어 보세요.

1) 저는 일주일에 세 번 수영을 해요.
   → _____

2) 저는 일주일에 다섯 번 필라테스를 해요.
   → _____

Leçon 09 나는 일주일에 한 번 수영을 해. Je fais de la natation une fois par semaine.

LEÇON 10

음원 바로 듣기

눈사람 만들까?
On fait un bonhomme de neige ?

 오늘의 목표

- 비인칭 주어 il
- 날씨 표현
- 사계절 표현

 오늘의 어휘

안 좋은, 나쁜	mauvais 모v베	회색의, 흐린	gris 그히
바람	vent (n.m.) v벙	햇빛, 해	soleil (n.m.) 쏠레이으
~부터	depuis 드쀠	어제	hier 이예ㅎ

 **오늘의 핵심 내용**

Il fait

Il fait를 사용해 날씨를 표현할 수 있어요. 뒤에 날씨 관련 형용사나 명사가 와요.

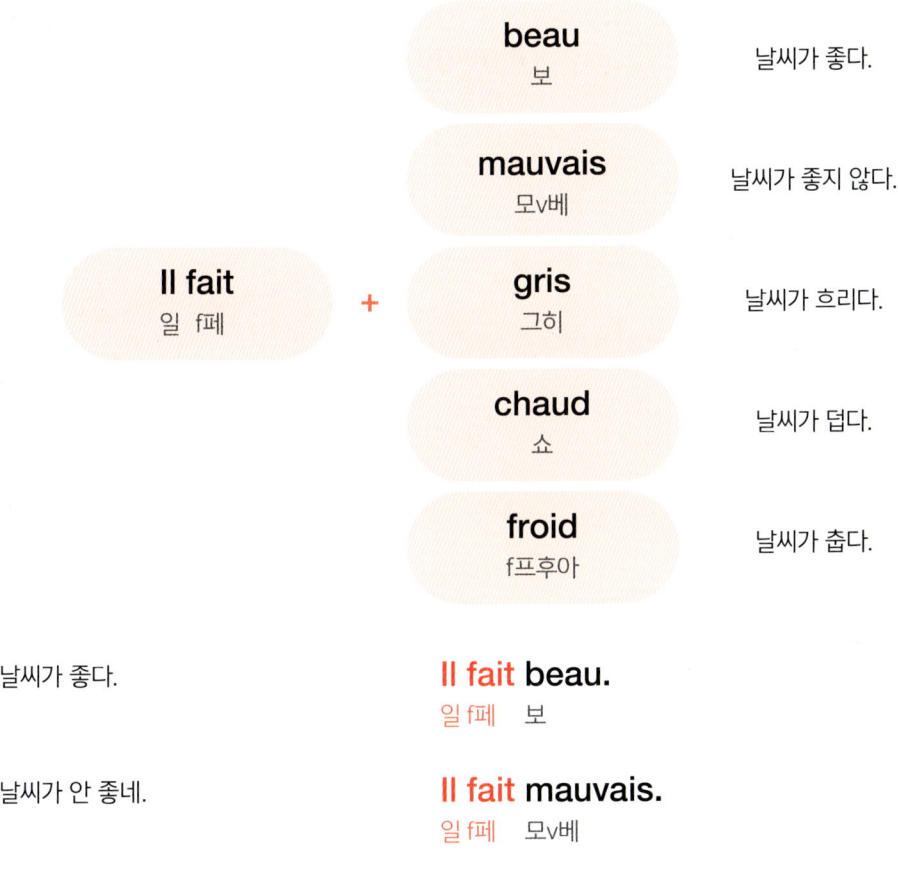

날씨가 좋다.　　　　　　**Il fait beau.**
　　　　　　　　　　　일 f페　보

날씨가 안 좋네.　　　　　**Il fait mauvais.**
　　　　　　　　　　　일 f페　모v베

날씨 표현을 할 때 날씨 관련 명사는 부분 관사를 사용할 때가 많아요.

바람이 분다.　　　　　　**Il fait du vent.**
　　　　　　　　　　　일 f페　뒤　v벙

햇볕이 좋다.　　　　　　**Il fait du soleil.**
　　　　　　　　　　　일 f페　뒤　쏠레이으

Leçon 10 눈사람 만들까? On fait un bonhomme de neige ?

날씨 동사

날씨 동사는 비인칭 주어 il과 함께 쓰고, 3인칭 단수형만 사용해요.

비가 오다: pleuvoir	비가 온다.	Il pleut. 일 쁠뢰
눈이 오다: neiger	눈이 온다.	Il neige. 일 네쥬

날씨가 어때요?

날씨에 대해 물어볼 때는 Il fait 와 함께 quel temps을 넣어 말할 수 있어요.

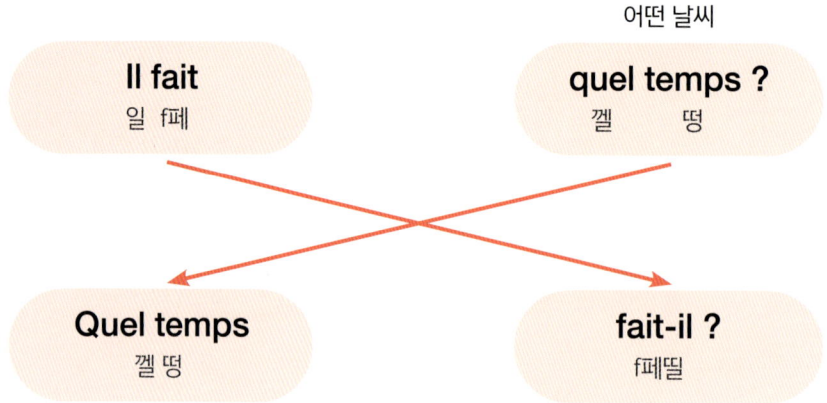

날씨가 어때요?	Il fait quel temps ? 일 f페 껠 떵
날씨가 어때요?	Quel temps fait-il ? 껠 떵 f페띨

depuis + 시점

depuis를 사용해 언제부터 상황/상태가 지속되고 있는지 말할 수 있어요.

어제부터 비가 온다.	Il pleut depuis hier. 일 쁠뢰 드쀠 이예ㅎ

사계절

계절은 모두 남성 명사예요. '~계절에'를 말할 때 '봄에'라고 할 때는 전치사 au를 사용하고, 봄을 제외하고는 모두 전치사 en을 써요.

봄	**printemps** 프항떵	여름	**été** 에떼
가을	**automne** 오똔ㄴ	겨울	**hiver** 이v베ㅎ

봄에   **au printemps**
오 프항떵

여름에   **en été**
어네떼

가을에   **en automne**
어노똔ㄴ

겨울에   **en hiver**
어니v베ㅎ

봄에는 날씨가 좋다.   **Il fait beau au printemps.**
일 f페 보 오 프항떵

여름에는 날씨가 덥다.   **Il fait chaud en été.**
일 f페 쇼 어네떼

가을에는 바람이 분다.   **Il fait du vent en automne.**
일 f페 뒤 v벙 어노똔ㄴ

겨울에는 날씨가 춥다.   **Il fait froid en hiver.**
일 f페 f프후아 어니v베ㅎ

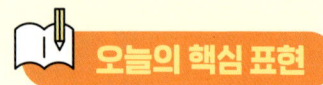 **오늘의 핵심 표현**

날씨가 어때요?	**Quel temps fait-il ?** 껠 떵 f페띨
날씨가 정말 좋아요.	**Il fait très beau.** 일 f페 트헤 보
날씨가 어때요?	**Quel temps fait-il ?** 껠 떵 f페띨
날씨가 더워요.	**Il fait chaud.** 일 f페 쇼
오늘 햇볕이 좋네요.	**Il fait du soleil aujourd'hui.** 일 f페 뒤 쏠레이으 오쥬ㅎ뒤
오늘 바람이 부네요.	**Il fait du vent aujourd'hui.** 일 f페 뒤 v벙 오쥬ㅎ뒤
봄에는 날씨가 좋아요.	**Il fait beau au printemps.** 일 f페 보 오 프항떵
겨울엔 날씨가 추워요.	**Il fait froid en hiver.** 일 f페 f프후아 어니v베ㅎ
어제부터 눈이 와요.	**Il neige depuis hier.** 일 네쥬 드쀠 이예ㅎ
어제부터 비가 온다.	**Il pleut depuis hier.** 일 쁠뢰 드쀠 이예ㅎ
날씨가 너무 추워.	**Il fait trop froid.** 일 f페 트호 f프후아
3일 전부터 날씨가 너무 추워.	**Il fait trop froid depuis trois jours.** 일 f페 트호 f프후아 드쀠 트후아 쥬ㅎ
이번 봄은 날씨가 너무 추워.	**Il fait trop froid ce printemps.** 일 f페 트호 f프후아 쓰 프항떵
이번 겨울은 날씨가 너무 추워.	**Il fait trop froid cet hiver.** 일 f페 트호 f프후아 쎄띠v베ㅎ

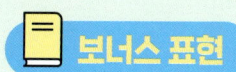 **보너스 표현**

 날씨가 좋은데 추워.
Il fait beau, mais il fait froid.
일 f페   보   메   일 f페 f프후아

 날씨가 흐린데 비는 안 와.
Il fait gris, mais il ne pleut pas.
일 f페 그히 메   일 느 쁠뢰 빠

 **오늘의 회화 완성!**

 날씨가 어때?
Quel temps fait-il ?
껠   떵   f페띨

 어제부터 눈이 와.
Il neige depuis hier.
일 네쥬   드쀠   이예ㅎ

 너무 좋다, 눈사람 만들까?
Trop bien, on fait un bonhomme de neige ?
트호 비앙 옹 f페 앙 보놈   드 네쥬

1 날씨를 말할 때 사용하는 주어를 고르세요.

① Tu　　　　　　　　② Il　　　　　　　　③ On

2 다음 중 '오늘 바람이 부네요'를 올바르게 표현한 프랑스어 문장을 고르세요.

① Il fait beau aujourd'hui.

② Il fait du vent aujourd'hui.

③ Il pleut aujourd'hui.

④ Il fait mauvais aujourd'hui.

3 다음 문장을 프랑스어로 쓰고 읽어 보세요.

3일 전부터 날씨가 너무 추워.

→ --

4 다음 문장을 프랑스어로 쓰고 읽어 보세요.

이번 여름은 너무 더워.

→ --

5 다음 문장을 프랑스어로 쓰고 읽어 보세요.

봄에는 날씨가 좋아요.

→ _____

6 다음 중 '흐린'을 올바르게 표현한 단어를 고르세요.

① chaud ② mauvais

③ gris ④ beau

7 다음 프랑스어를 올바르게 배열해 문장을 완성하세요.

| temps / quel / fait-il / ? |

날씨가 어때요? → _____

8 다음 문장을 프랑스어로 쓰고 읽어 보세요.

어제부터 눈이 와요.

→ _____

LEÇON 11

음원 바로 듣기

6~10강 복습
Révision

 오늘의 목표

- 6~10강 복습 퀴즈
- 소개팅 대화문

 오늘의 어휘

주소	adresse (n.f.) 아드헤쓰	달, 월	mois (n.m.) 무아

다음 한국어 뜻에 맞는 프랑스어 문장을 고르세요.

1 국적이 어떻게 되세요?

A. Quelle est votre métier ?

B. Quelle est votre nationalité ?

C. Quel est ton prénom ?

2 네 전화번호가 뭐야?

A. Quel est ton numéro de téléphone ?

B. Quel est ta numéro de téléphone ?

C. Quelle est ton adresse ?

3 그는 뭐 해?

A. Il fait quoi ?

B. On fait quoi ?

C. Vous faites quoi ?

4 나는 주말에 빨래해.

A. Je fais le ménage ce week-end.

B. Je fais la sieste le week-end.

C. Je fais la lessive le week-end.

5 너 짐 언제 싸?

A. Tu fais ton lit quand ?

B. Tu fais ta valise quand ?

C. Tu fais tes devoirs quand ?

6 다음 주 금요일에 뭐 하세요?

A. Ils font quoi vendredi prochain ?

B. Vous faites quoi vendredi prochain ?

C. Vous faites quoi ce vendredi ?

7 저는 일주일에 두 번 수영을 해요.

A. Je fais de la natation deux fois par semaine.

B. Je fais de la natation trois fois par semaine.

C. Je fais du violon deux fois par mois.

8 시간 있을 때 뭐 하세요?

A. Qu'est-ce que vous faites quand vous êtes stressé ?

B. Qu'est-ce que vous faites quand vous êtes libre ?

C. Qu'est-ce qu'elle fait quand elle est libre ?

9 3일 전부터 날씨가 너무 추워.

   A. Il fait trop chaud depuis trois jours.

   B. Il fait trop froid depuis trois jours.

   C. Il ne fait pas froid depuis trois jours.

10 날씨가 흐린데 비는 안 와.

   A. Il fait gris et il pleut.

   B. Il fait beau, mais il fait froid.

   C. Il fait gris, mais il ne pleut pas.

답: 1B | 2A | 3A | 4C | 5B | 6B | 7A | 8B | 9B | 10C

▶ 실전 회화: 소개팅하기

시간 있을 때 뭐 하세요?
Qu'est-ce que vous faites quand vous êtes libre ?
께쓰끄   v부   f페ㄸ 껑   v부z젯   리브ㅎ

저는 기타 치는 거 좋아해요. 당신은요?
J'aime faire de la guitare. Et vous ?
쥅   f페ㅎ 들라   기따ㅎ   에 v부

저는 3년 전부터 테니스를 치고 있어요.
Je fais du tennis depuis trois ans.
쥬 f페 뒤 떼니ㅆ   드쀠   트후아z정

그렇군요! 그런데 오늘 날씨가 정말 좋네요.
Ah bon ! Mais, il fait très beau aujourd'hui.
아 봉   메   일f페 트헤 보   오쥬ㅎ뒤

맞아요. 저랑 카페 가실래요?
C'est vrai. Vous voulez aller au café avec moi ?
쎄   v브헤 v부 v불레   알레 오 꺄f페 아v벡 무아

네! 좋은 생각이에요.
Oui ! Bonne idée.
위   보니데

LEÇON 12

음원 바로 듣기

나랑 케이크 만들래?
Tu veux faire un gâteau avec moi ?

 오늘의 목표

- 강세형 인칭 대명사
- 전치사 활용

 오늘의 어휘

| 선물 | cadeau (n.m.)
꺄도 | 부모님 | parents (n.m.pl.)
빠헝 |

오늘의 핵심 내용

강세형 인칭 대명사

또 다른 인칭 대명사예요. 전치사 뒤에는 이 강세형 인칭 대명사를 씁니다. 뿐만 아니라, 주어를 강조하거나, 단독적으로 사용할 때도 이 인칭 대명사를 써요. 이때 주어 인칭 대명사는 사용하지 않아요. 많이 발음해 보며 익숙해져 볼까요?

나	moi 무아	우리	nous 누
너	toi 뚜아	당신(들) / 너희들	vous v부
그 / 그녀	lui / elle 뤼 엘	그들 / 그녀들	eux / elles 외 엘

▶ **전치사 뒤**

내 집에서   chez moi
                                 쉐   무아

그녀와 함께   avec elle
                                 아v벡껠

▶ **강조할 때**

나, 나는 커피를 좋아해.   Moi, j'aime le café.
                                 무아   쥅   르 꺄f페

너, 네가 폴이라고?   Toi, tu es Paul ?
                                 뚜아 뛰 에 뽈

▶ **단독 사용**

나!   Moi !
                                 무아

다양한 전치사들

구체적인 표현을 할 때 전치사와 활용하기 좋아요.

~와 함께	avec 아v벡	~없이	sans 썽
~를 위해	pour 뿌ㅎ	~의 집에(서)	chez 쉐

나와 함께
avec moi
아v벡 무아

너를 위해
pour toi
뿌ㅎ 뚜아

나는 친구와 함께 운동을 한다.
Je fais du sport avec mon ami.
쥬 f페 뒤 스뽀ㅎ 아v벡 모나미

그녀는 그들과 함께 숙제를 한다.
Elle fait ses devoirs avec eux.
엘 f페 쎄 드v부아ㅎ 아v벡꾀

나는 우리 어머니를 위해 빵을 만든다.
Je fais du pain pour ma mère.
쥬 f페 뒤 빵 뿌ㅎ 마 메ㅎ

그는 우리를 위해 케이크를 만든다.
Il fait du gâteau pour nous.
일 f페 뒤 갸또 뿌ㅎ 누

나는 집에서 피아노를 친다.
Je fais du piano chez moi.
쥬 f페 뒤 삐아노 쉐 무아

나는 너 없이 부모님 댁에 갈 거야.
Je vais aller chez mes parents sans toi.
쥬 v베 알레 쉐 메 빠헝 썽 뚜아

 **오늘의 핵심 표현**

너를 위한 거야.	C'est pour toi. 쎄 뿌ㅎ 뚜아
나를 위한 거야.	C'est pour moi. 쎄 뿌ㅎ 무아
이 선물, 당신을 위한 거예요.	Ce cadeau, c'est pour vous. 쓰 꺄도 쎄 뿌ㅎ v부
이 선물, 그들을 위한 거야.	Ce cadeau, c'est pour eux. 쓰 꺄도 쎄 뿌ㅎ 외
나랑 같이 갈래?	Tu viens avec moi ? 뛰 v비앙 아v벡 무아
우리랑 같이 갈래?	Tu viens avec nous ? 뛰 v비앙 아v벡 누
나는 그녀 없이 테니스를 쳐.	Je fais du tennis sans elle. 쥬 f페 뒤 떼니ㅆ 썽z젤
그는 그의 집에서 쉰다.	Il fait une pause chez lui. 일 f페 윈 뽀z즈 쉐 뤼
부모님 댁에 안 가세요?	Vous n'allez pas chez vos parents ? v부 날레 빠 쉐 v보 빠헝
나랑 케이크 만들래?	Tu veux faire un gâteau avec moi ? 뛰 v뵈 f페ㅎ 앙 갸또 아v벡 무아

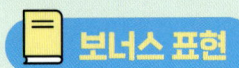 **보너스 표현**

네 덕분이야.

Grâce à toi.
그하쓰 아 뚜아

여러분 덕분이에요.

Grâce à vous.
그하쓰 아 v부

 **오늘의 회화 완성!**

이 선물, 너를 위한 거야.

Ce cadeau, c'est pour toi.
쓰 꺄도 쎄 뿌ㅎ 뚜아

내 거라고? 고마워!

Pour moi ? Merci !
뿌ㅎ 무아 멕씨

그리고 이건 내 거.

Et c'est pour moi.
에 쎄 뿌ㅎ 무아

 **잠깐 복습!**

1 전치사 avec, pour, sans, chez 뒤에 올 수 있는 것을 고르세요.

① 강세형 인칭 대명사
② 주어 인칭 대명사
③ 의문사

2 다음 문장을 프랑스어로 쓰고 읽어 보세요.

이 선물, 너를 위한 거야.
→ _____

3 빈칸에 알맞은 말을 넣고, 연음해서 읽어 보세요.

나는 그녀 없이 테니스를 쳐. → Je fais du tennis _____ elle.

4 다음 프랑스어를 올바르게 배열해 문장을 완성하세요.

> veux / tu / moi / un gâteau / faire / avec / ?

나랑 같이 케이크 만들래?
→ _____

Leçon 12 나랑 케이크 만들래? Tu veux faire un gâteau avec moi ? **107**

LEÇON 13

음원 바로 듣기

여기가 더 작네.
C'est plus petit.

 오늘의 목표

- 비교급
- bon 비교급

 오늘의 어휘

원룸	studio (n.m.) 스뛰디오	아파트	appartement (n.m.) 아빡뜨멍
빠른	rapide 하삐드	기차	train (n.m.) 트항

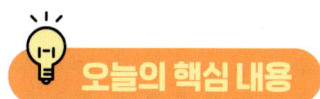

비교급

▶ **더 ~하다**

프랑스어 비교급은 하나씩만 붙여 주면 돼요. '더 ~하다'라고 할 땐 형용사 앞에 plus를 붙여 줘요.

더 큰   **plus grand**
                                 쁠뤼   그헝

▶ **덜 ~하다**

'덜 ~하다'라고 할 땐 moins을 붙여 줘요.

덜 큰 (더 작은)   **moins grand**
                                 무앙   그헝

▶ **~만큼 ~하다**

'~만큼 ~하다'라고 할 땐 aussi를 붙여 줘요.

~만큼 큰   **aussi grand**
                                 오씨   그헝

비교 대상은 que

비교 대상을 말할 때는 que를 붙여요. 이때 que 뒤에 사람이 오면 강세형 인칭 대명사로 써요!

나보다 더 큰   **plus grand que moi**
                                 쁠뤼 그헝   끄   무아

나보다 덜 큰 (나보다 작은)   **moins grand que moi**
                                 무앙   그헝   끄   무아

나만큼 큰   **aussi grand que moi**
                                 오씨   그헝   끄   무아

Leçon 13 여기가 더 작네. C'est plus petit.

비교급도 성·수 일치!

비교급에서도 형용사의 규칙은 그대로예요! être 동사를 사용할 때는 주어의 성·수에 형용사를 일치시켜요!

그녀는 나보다 키가 커.　　Elle est plus grande que moi.
　　　　　　　　　　　엘　레　쁠뤼　그헝드　끄　무아

더 좋은!

비교급에서 불규칙한 형태를 가지는 경우도 있어요.

원급		비교급	
좋은	bon 봉	더 좋은	meilleur 메이외ㅎ

이건 맛있는 커피야.　　C'est un bon café.
　　　　　　　　　　쎄　앙　봉　꺄f페

이게 더 맛있는 커피야.　 C'est un meilleur café.
　　　　　　　　　　쎄　앙　메이외ㅎ　꺄f페

이 경우에도 마찬가지로 성·수 일치를 합니다! meilleur의 모든 형용사 형태는 발음이 동일하죠?

	좋은, 맛있는		더 좋은, 더 맛있는	
	남성	여성	남성	여성
단수	bon 봉	bonne 본느	meilleur 메이외ㅎ	meilleure 메이외ㅎ
복수	bons 봉	bonnes 본느	meilleurs 메이외ㅎ	meilleures 메이외ㅎ

 **오늘의 핵심 표현**

너 나보다 키가 더 크네. **Tu es plus grand(e) que moi.**
뛰 에 쁠뤼 그헝(드) 끄 무아

그녀는 나보다 키가 덜 커. **Elle est moins grande que moi.**
(나보다 키가 작아.) 엘레 무앙 그헝드 끄 무아

그녀는 나만큼 키가 커. **Elle est aussi grande que moi.**
엘레 오씨 그헝드 끄 무아

이게 더 작다. **C'est plus petit.**
쎄 쁠뤼 쁘띠

이게 내 아파트보다 더 작다. **C'est plus petit que mon appartement.**
쎄 쁠뤼 쁘띠 끄 모나빠르뜨멍

이 기차가 더 빨라. **Ce train est plus rapide.**
쓰 트항 에 쁠뤼 하삐드

이 버스가 더 빨라. **Ce bus est plus rapide.**
쓰 뷔쓰 에 쁠뤼 하삐드

이 수프가 더 맛있다. (더 낫다) **Cette soupe est meilleure.**
쎗 쑵쁘 에 메이외ㅎ

이 원룸은 내 아파트보다 작다. **Ce studio est plus petit**
쓰 스뛰디오 에 쁠뤼 쁘띠
que mon appartment.
끄 모나빠르뜨멍

이 원룸은 내 아파트보다 크다. **Ce studio est plus grand**
쓰 스뛰디오 에 쁠뤼 그헝
que mon appartment.
끄 모나빠르뜨멍

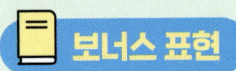

다른 것보다 더 크다.

C'est plus grand que l'autre.
쎄   쁠뤼 그헝   끄   로트ㅎ

다른 것보다 더 빠르다.

C'est plus rapide que l'autre.
쎄   쁠뤼 하삐드   끄   로트ㅎ

이 원룸 너무 작다!

Ce studio est trop petit !
쓰   스뛰디오 에 트호 쁘띠

다른 데보다 작네!

C'est plus petit que l'autre.
쎄   쁠뤼 쁘띠   끄   로트ㅎ

파리잖아.

C'est Paris.
쎄   빠히

잠깐 복습!

1 다음 문장을 프랑스어로 쓰고 읽어 보세요.

1) 그는 나보다 키가 더 크다.
   → _____

2) 이 원룸은 내 아파트보다 더 작다.
   → _____

2 빈칸에 알맞은 말을 넣고, 발음해 보세요.

1) 이 커피가 더 맛있다.
   → Ce café est _____ .

2) 이 수프가 더 맛있다.
   → Cette soupe est _____ .

3 다음 문장을 올바르게 해석한 것을 고르세요.

> Elle est moins grande que moi.

① 그녀는 나보다 키가 커요.
② 그녀는 나보다 키가 작아요.
③ 그녀는 나만큼 키가 커요.

4 빈칸에 알맞은 표현을 넣어 문장을 완성하세요.

1) 비행기는 기차보다 빠르다. → L'avion est _____ le train.

2) 이 남자는 Jean만큼 크다. → Cet homme est _____ Jean.

Leçon 13 여기가 더 작네. C'est plus petit. 113

LEÇON 14

음원 바로 듣기

이게 내 인생 영화야.
C'est le meilleur film de ma vie.

오늘의 목표

- 최상급
- bon의 최상급

오늘의 어휘

| 세상 | monde (n.m.) 몽드 | 인생 | vie (n.f.) v비 |
| 드라마 | série (n.f.) 쎄히 | 반 | classe (n.f.) 끌라쓰 |

 **오늘의 핵심 내용**

가장 ~하다

프랑스어 최상급은 '정관사+비교급'으로 표현해요. 비교급에서의 성·수 일치는 그대로 유지합니다.

| 가장 큰 | **le plus grand** |
| | 르 쁠뤼 그헝 |

| 가장 덜 큰 (가장 작은) | **le moins grand** |
| | 르 무앙 그헝 |

| 가장 큰 (여성) | **la plus grande** |
| | 라 쁠뤼 그헝드 |

| 가장 덜 큰 (여성) | **la moins grande** |
| | 라 무앙 그헝드 |

'~중에서'는 de

최상급의 비교 대상을 말할 때는 de를 써요. 이때 사람이 오면 <u>강세형 인칭 대명사</u>로 써요!

| 우리 중에서 제일 큰 | **le plus grand de nous** |
| | 르 쁠뤼 그헝 드 누 |

| 우리 중에서 가장 작은 | **le plus petit de nous** |
| | 르 쁠뤼 쁘띠 드 누 |

일반 명사가 오면 <u>de는 정관사와 축약</u>해요!

| 세상에서 제일 큰 | **le plus grand du monde** |
| | 르 쁠뤼 그헝 뒤 몽드 |

| 세상에서 제일 작은 | **le plus petit du monde** |
| | 르 쁠뤼 쁘띠 뒤 몽드 |

Leçon 14 이게 내 인생 영화야. C'est le meilleur film de ma vie.

가장 좋은!

bon의 최상급은 불규칙한 형태를 가졌던 비교급에 정관사만 붙여 주면 돼요. 마찬가지로 meilleur의 모든 형태는 발음이 동일하니 정관사만 신경 써 주면 되겠죠?

	더 좋은		가장 좋은	
	남성	여성	남성	여성
단수	meilleur 메이외ㅎ	meilleure 메이외ㅎ	le meilleur 르 메이외ㅎ	la meilleure 라 메이외ㅎ
복수	meilleurs 메이외ㅎ	meilleures 메이외ㅎ	les meilleurs 레 메이외ㅎ	les meilleures 레 메이외ㅎ

이게 제일 맛있는 커피야.   **C'est le meilleur café.**
쎄 르 메이외ㅎ 꺄f페

최고의 영화야.   **C'est le meilleur film.**
쎄 르 메이외ㅎ f필ㅁ

최고의 드라마야.   **C'est la meilleure série.**
쎄 라 메이외ㅎ 쎄히

최고의 자동차야.   **C'est la meilleure voiture.**
쎄 라 메이외ㅎ v부아뛰ㅎ

비교 범위에는 정관사 대신 <u>소유 형용사</u>가 올 수도 있어요.

이게 내 인생 커피야.   **C'est le meilleur café de ma vie.**
쎄 르 메이외ㅎ 꺄f페 드 마 v비

이게 네 인생 영화야?   **C'est le meilleur film de ta vie ?**
쎄 르 메이외ㅎ f필ㅁ 드 따 v비

 **오늘의 핵심 표현**

그가 우리 중에서 키가 가장 크네.	**Il est le plus grand de nous.** 일레 르 쁠뤼 그헝 드 누
그녀가 반에서 키가 가장 크네.	**Elle est la plus grande de la classe.** 엘레 라 쁠뤼 그헝드 들라 끌라쓰
네가 세상에서 제일 멋져.	**Tu es le plus beau du monde.** 뛰 에 르 쁠뤼 보 뒤 몽드
네가 세상에서 제일 예뻐.	**Tu es la plus belle du monde.** 뛰 에 라 쁠뤼 벨 뒤 몽드
당신은 세상에서 제일 친절해요! (남자)	**Vous êtes le plus gentil du monde !** v부z젯 르 쁠뤼 정띠 뒤 몽드
당신은 세상에서 제일 친절해요! (여자)	**Vous êtes la plus gentille du monde !** v부z젯 라 쁠뤼 정띠으 뒤 몽드
여기가 최고의 식당이야.	**C'est le meilleur restaurant.** 쎄 르 메이외ㅎ 헤스또헝
여기가 내 인생 (최고의) 식당이야.	**C'est le meilleur restaurant de ma vie.** 쎄 르 메이외ㅎ 헤스또헝 드 마 v비
이건 최고의 영화야.	**C'est le meilleur film.** 쎄 르 메이외ㅎ f필ㅁ
이건 내 인생 (최고의) 영화야.	**C'est le meilleur film de ma vie.** 쎄 르 메이외ㅎ f필ㅁ 드 마 v비
이건 최고의 드라마야.	**C'est la meilleure série.** 쎄 라 메이외ㅎ 쎄히
이건 내 인생 (최고의) 드라마야.	**C'est la meilleure série de ma vie.** 쎄 라 메이외ㅎ 쎄히 드 마 v비

📖 보너스 표현

내가 제일 좋아하는 커피야.
C'est mon café préféré.
쎄 몽 꺄f페 프헤f페헤

내가 제일 좋아하는 드라마야.
C'est ma série préférée.
쎄 마 쎄히 프헤f페헤

💬 오늘의 회화 완성!

여기는 내 인생 (최고의) 식당이야.
C'est le meilleur resto de ma vie.
쎄 르 메이외ㅎ 헤스또 드 마 v비

그리고 제일 비싸네.
Et le plus cher.
에 르 쁠뤼 쉐ㅎ

그만한 가치가 있어.
Ça vaut le coup.
싸 v보 르 꾸

 **잠깐 복습!**

1 다음 중 '그녀가 반에서 키가 가장 크다'를 올바르게 표현한 프랑스어 문장을 고르세요.

① Elle est le plus grand de la classe.

② Elle est la plus grande de la classe.

③ Elle est la plus grand du classe.

④ Elle est la plus grande que la classe.

2 bon의 최상급 형태로 알맞은 것을 고르세요.

① plus bon   ② le meilleur

③ le bon   ④ le plus bon

3 다음 문장을 프랑스어로 쓰고 읽어 보세요.

이게 내 인생 (최고의) 영화야.

→ _____

4 다음 프랑스어를 올바르게 배열해 문장을 완성하세요.

| le / vie / ta / film / c'est / de / meilleur / ? |

이게 네 인생 영화야?

→ _____

LEÇON 15

음원 바로 듣기

나 에펠탑이 보여.
Je vois la Tour Eiffel.

 오늘의 목표

- '보다' 동사: regarder, voir
- 직접 목적 보어 대명사

 오늘의 어휘

| 에펠탑 | la Tour Eiffel (n.f.)
라 뚜ㅎ 에f펠 | 별 | étoile (n.f.)
에뚜알 |

 **오늘의 핵심 내용**

regarder 동사

'보다', '보고 있다'의 의미예요. 무언가를 의식적으로 보고 있는 것을 표현할 때 사용하는 동사예요.

보다: regarder (1군 동사)			
Je 쥬	**regarde** 흐갸흐드	Nous 누	**regardons** 흐갸흐동
Tu 뛰	**regardes** 흐갸흐드	Vous v부	**regardez** 흐갸흐데
Il / Elle 일 엘	**regarde** 흐갸흐드	Ils / Elles 일 엘	**regardent** 흐갸흐드

voir 동사

'보이다'의 의미예요. 시야에 들어올 때 수동적인 의미로 사용하거나 과거의 어떤 것을 '본' 경험으로 말할 때도 사용할 수 있어요. (과거 표현은 Leçon 27에서 배워 볼게요.)

보다, 보이다: voir (3군 동사)			
Je 쥬	**vois** v부아	Nous 누	**voyons** v부와용
Tu 뛰	**vois** v부아	Vous v부	**voyez** v부와예
Il / Elle 일 엘	**voit** v부아	Ils / Elles 일 엘	**voient** v부아

Leçon 15 나 에펠탑이 보여. Je vois la Tour Eiffel.

직접 목적 보어 대명사

직접 목적 보어로 사용되는 대명사는 일반적으로 '~을/를'로 해석돼요.

나를	me 므	우리를	nous 누
너를	te 뜨	당신(들)/너희들을	vous v부
그/그녀를	le / la 르 라	그들/그녀들을	les 레

ATTENTION ! 3인칭 직접 목적 보어 대명사 le, la, les는 사물에도 사용할 수 있어요.

대명사를 목적어로 사용할 때는 동사의 앞에 써요.

나는 그를 본다.   **Je le regarde.**
쥬 르 흐갸흐드

나는 너를 본다.   **Je te regarde.**
쥬 뜨 흐갸흐드

나는 당신을 본다.   **Je vous regarde.**
쥬 v부 흐갸흐드

나는 네가 보인다.   **Je te vois.**
쥬 뜨 v부아

나는 당신이 보인다.   **Je vous vois.**
쥬 v부 v부아

나는 그들이 보인다.   **Je les vois.**
쥬 레 v부아

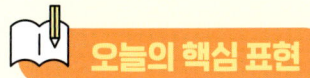 **오늘의 핵심 표현**

나는 영화 보고 있어.   **Je regarde un film.**
쥬 흐갸흐드 앙 f필ㅁ

너 그거(영화) 보고 있어?   **Tu le regardes ?**
뛰 르 흐갸흐드

그녀는 TV를 보고 있어.   **Elle regarde la télé.**
엘 흐갸흐드 라 뗄레

너도 그거(TV) 보고 있어?   **Tu la regardes aussi ?**
뛰 라 흐갸흐드 오씨

나 에펠탑이 보여.   **Je vois la Tour Eiffel.**
쥬 v부아 라 뚜ㅎ 에f펠

너 그게(에펠탑) 보여?   **Tu la vois ?**
뛰 라 v부아

별들이 보여.   **Je vois les étoiles.**
쥬 v부아 레z제뚜알

너 그것들(별들)이 보여?   **Tu les vois ?**
뛰 레 v부아

Paul을 보고 계시는 거예요?   **Vous regardez Paul ?**
v부 흐갸흐데 뽈

우리는 그를 보고 있어요.   **Nous le regardons.**
누 르 흐갸흐동

그들은 Marie가 보인대?   **Ils voient Marie ?**
일 v부아 마히

그들은 그녀가 보인대요.   **Ils la voient.**
일 라 v부아

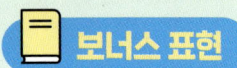 **보너스 표현**

나 그거 안 보고 있는데.
Je ne le regarde pas.
쥬 느 르 흐갸흐드 빠

나 그거 안 보여.
Je ne le vois pas.
쥬 느 르 v부아 빠

 **오늘의 회화 완성!**

나 보여?
Tu me vois ?
뛰 므 v부아

나 지금 너 보고 있어.
Je te regarde.
쥬 뜨 흐갸흐드

아, 너 보인다! 갈게!
Ah, je te vois ! J'arrive !
아 쥬 뜨 v부아 쟈히v브

1 다음 중 '나는 그를 본다'를 올바르게 표현한 프랑스어 문장을 고르세요.

① Je le regarde.
② Je la regarde.
③ Je les regarde.
④ Je lui regarde.

2 다음 문장을 프랑스어로 쓰고 읽어 보세요.

너 나 보여? → _____

3 빈칸에 알맞은 말을 넣어 문장을 완성하고 발음해 보세요.

그녀는 우리를 보고 있다. → Elle _____ regarde.

4 빈칸에 알맞은 말을 넣어 다음 대화를 완성하세요.

> A: 너 에펠탑 보여?
> B: 응 그것이 보여!

→ A: Tu vois la Tour Eiffel ?
　 B: Oui, je _____ !

LEÇON 16

그녀에게 뭘 준다고?
Tu lui donnes quoi ?

음원 바로 듣기

 오늘의 목표
- donner 동사
- 무엇을 누구에게 주는지 표현하기
- 간접 목적 보어 대명사

 오늘의 어휘

| 펜 | stylo (n.m.) 스띨로 | 열쇠 | clé (n.f.) 끌레 |

donner 동사

'주다'라는 의미를 가지고 있어요. '~에게'라는 간접 목적 보어와 함께 사용할 때가 많아요.

주다: donner (1군 동사)			
Je 쥬	donne 돈느	Nous 누	donnons 도농
Tu 뛰	donnes 돈느	Vous v부	donnez 도네
Il / Elle 일 엘	donne 돈느	Ils / Elles 일 엘	donnent 돈느

간접 목적 보어 대명사

간접 목적 보어 대명사는 일반적으로 '~에게'로 해석돼요.

나에게	me 므	우리에게	nous 누
너에게	te 뜨	당신(들)/너희들에게	vous v부
그/그녀에게	lui 뤼	그들/그녀들에게	leur 뢰ㅎ

간접 목적 보어 대명사는 '<u>전치사 à + 명사</u>'를 대신해요. 대명사를 목적어로 사용할 때는 <u>동사의 앞에</u> 써요.

나는 Marie에게 선물을 준다. **Je donne un cadeau à Marie.**
쥬 돈느 앙 꺄도 아 마히

→ 나는 그녀에게 선물을 준다. **Je lui donne un cadeau.**
쥬 뤼 돈느 앙 꺄도

Leçon 16 그녀에게 뭘 준다고? Tu lui donnes quoi ?

오늘의 핵심 표현

내가 너에게 선물을 줄게.
Je te donne un cadeau.
쥬 뜨 돈ㄴ 앙 꺄도

제가 당신에게 선물을 드릴게요.
Je vous donne un cadeau.
쥬 v부 돈ㄴ 앙 꺄도

(너) 나에게 이 책 주려고?
Tu me donnes ce livre ?
뛰 므 돈ㄴ 쓰 리v브ㅎ

그가 나에게 이 책 준대.
Il me donne ce livre.
일 므 돈ㄴ 쓰 리v브ㅎ

(당신) 이 펜 저 주시는 거예요?
Vous me donnez ce stylo ?
v부 므 도네 쓰 스띨로

그(그녀)에게 이 펜 주시게요?
Vous lui donnez ce stylo ?
v부 뤼 도네 쓰 스띨로

그들이 너에게 뭘 준다고?
Ils te donnent quoi ?
일 뜨 돈ㄴ 꾸아

그녀가 그들에게 뭘 준다고?
Elle leur donne quoi ?
엘 뢰ㅎ 돈ㄴ 꾸아

그들이 제게 열쇠 안 주는데요.
Ils ne me donnent pas de clé.
일 느 므 돈ㄴ 빠 드 끌레

그녀가 그들에게 열쇠 안 주는데요.
Elle ne leur donne pas de clé.
엘 느 뢰ㅎ 돈ㄴ 빠 드 끌레

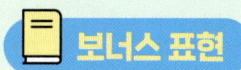 **보너스 표현**

 나한테 팁(조언, 추천) 좀 줄 수 있어?

Tu peux me donner un conseil ?
뛰 쁴 므 도네 앙 꽁쎄이으

 내가 너에게 팁(조언, 추천) 좀 줘도 될까?

Je peux te donner un conseil ?
쥬 쁴 뜨 도네 앙 꽁쎄이으

 오늘의 회화 완성!

 그녀에게 뭘 준다고?

Tu lui donnes quoi ?
뛰 뤼 돈ㄴ 꾸아

이 펜.

Ce stylo.
쓰 스띨로

 생일에?

Pour son anniversaire ?
뿌ㅎ 쏘나니v벡쎄ㅎ

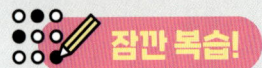

1 다음 중 '그녀에게'를 뜻하는 간접 목적 보어 대명사를 고르세요.

① te ② me
③ lui ④ leur

2 다음 문장을 프랑스어로 쓰고 읽어 보세요.

내가 너에게 선물을 줄게.

→ _____

3 빈칸에 알맞은 단어를 골라 문장을 완성하세요.

당신은 그들에게 이 펜을 주시나요?
→ Vous _____ donnez ce stylo ?

① me ② te
③ lui ④ leur

4 빈칸에 알맞은 단어를 골라 문장을 완성하세요.

너는 나에게 이 책을 주려고?
→ Tu _____ donnes ce livre ?

① me ② te
③ lui ④ leur

5 다음 문장을 올바르게 해석한 것을 고르세요.

> Ils ne me donnent pas de clé.

① 그들은 나에게 열쇠를 준다.
② 그들은 나에게 열쇠를 주지 않는다.
③ 그들은 나에게 선물을 준다.
④ 그들은 나에게 펜을 준다.

6 다음 프랑스어를 올바르게 배열해 문장을 완성하세요.

> lui / tu / donnes / quoi

너 그(녀)에게 무엇을 준다고?
→ _____

7 다음 문장을 프랑스어로 쓰고 읽어 보세요.

1) 그녀는 그들에게 선물을 줘요.
   → _____

2) 나한테 팁(조언) 좀 줄 수 있어?
   → _____

LEÇON 17

메일 보낼게.
Je vais envoyer un mail.

 오늘의 목표

- envoyer 동사
- 목적 보어 대명사 활용
- 근접 미래

 오늘의 어휘

| 메시지 | message (n.m.) 메싸쥬 | 메일 | mail (n.m.) 멜 |

 **오늘의 핵심 내용**

envoyer 동사

'보내다'라는 의미를 가지고 있어요. envoyer와 같이 -oyer로 끝나는 동사는 Nous, Vous 인칭을 제외한 동사 변화에서 y가 i로 바뀌어요. 지금 당장 외우지 않아도 괜찮아요. 아래 동사 변화들을 주어 인칭 대명사와 함께 소리 내어 읽어 볼까요?

보내다: envoyer (1군 동사 – 변칙)			
J'	envoie 정v부아	Nous 누	envoyons z정v부와용
Tu 뛰	envoies 엉v부아	Vous v부	envoyez z정v부와예
Il / Elle 일 엘	envoie 렁v부아	Ils / Elles 일 엘	envoient z정v부아

나는 Marie에게 선물을 보낸다.
J'envoie un cadeau à Marie.
정v부아 앙 꺄도   아 마히

나는 그녀에게 선물을 보낸다.
Je lui envoie un cadeau.
쥬 뤼 엉v부아 앙 꺄도

나는 너에게 메시지를 보낸다.
Je t'envoie un message.
쥬 떵v부아 앙 메싸쥬

나는 당신에게 메시지를 보낸다.
Je vous envoie un message.
쥬 v부z정부아 앙 메싸쥬

나는 선물을 그(녀)에게 보낼 거야.
Je vais lui envoyer un cadeau.
쥬 v베 뤼 엉v부와예 앙 꺄도

나는 그들에게 메시지를 보낼 거야.
Je vais leur envoyer un message.
쥬 v베 뢰ㅎ 엉v부와예 앙 메싸쥬

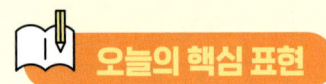 **오늘의 핵심 표현**

내가 메시지 보낸다.	**J'envoie un message.** 졍v부아 앙 메싸쥬
내가 너한테 메시지 보낸다.	**Je t'envoie un message.** 쥬 떵v부아 앙 메싸쥬
너 메시지 보내는 거야?	**Tu envoies un message ?** 뛰 엉v부아 앙 메싸쥬
너 나한테 메시지 보내는 거야?	**Tu m'envoies un message ?** 뛰 멍v부아 앙 메싸쥬
그(그녀)에게 메시지 보내시는 거예요?	**Vous lui envoyez un message ?** v부 뤼 엉v부와예 앙 메싸쥬
내가 메일 보낼게.	**Je vais envoyer un mail.** 쥬 v베 엉v부와예 앙 멜
내가 너한테 메일 보낼게.	**Je vais t'envoyer un mail.** 쥬 v베 떵v부와예 앙 멜
제가 (당신에게) 메일 보내 드릴게요.	**Je vais vous envoyer un mail.** 쥬 v베 v부z정v부와예 앙 멜
내가 그들에게 메일 보낼게.	**Je vais leur envoyer un mail.** 쥬 v베 뢰ㅎ 엉v부와예 앙 멜
너에게 와인 한 병 보내 줄게.	**Je vais t'envoyer une bouteille de vin.** 쥬 v베 떵v부와예 윈 부떼이으 드 v방
제게 와인 한 병 보내 주실 거예요?	**Vous allez m'envoyer une bouteille de vin ?** v부z잘레 멍v부와예 윈 부떼이으 드 v방
그녀가 우리에게 와인 한 병 보내 줄 거예요.	**Elle va nous envoyer une bouteille de vin.** 엘 v바 누z정v부와예 윈 부떼이으 드 v방

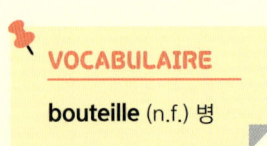

VOCABULAIRE

bouteille (n.f.) 병

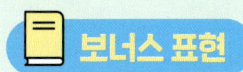 **보너스 표현**

 너한테 메시지 바로 보낼게!

Je t'envoie un message tout de suite !
쥬 떵v부아   앙 메싸쥬   뚜 드 쉬㎩

 메일 바로 보낼게요!

Je vous envoie un mail tout de suite !
쥬 v부z정v부아   앙 멜   뚜 드 쉬㎩

 오늘의 회화 완성!

 너한테 바로 메일 보낼게!

Je t'envoie un mail tout de suite !
쥬 떵v부아   앙 멜 뚜 드 쉬㎩

 고마워.

Merci.
멕씨

 천만에.

De rien.
드 히앙

Leçon 17 메일 보낼게. Je vais envoyer un mail.   135

1 다음 중 '보내다'를 의미하는 프랑스어 동사를 고르세요.

① donner

② regarder

③ envoyer

④ venir

2 다음 문장을 프랑스어로 쓰고 읽어 보세요.

나는 메시지를 보낸다.

→

3 빈칸에 알맞은 말을 넣어 문장을 완성하고 발음해 보세요.

그는 그들에게 메일을 하나 보낼 거야.

→ Il va un mail.

4 다음 문장을 의미하는 프랑스어로 올바른 것을 고르세요.

> 너는 나에게 메시지를 보내.

① Tu m'envoies un message.

② Tu envoies me un message.

③ Tu envoies un message me.

④ Tu me envoies un message.

5 다음 중 목적 보어 대명사가 올바르게 쓰인 문장을 고르세요.

① J'envoie lui un mail.

② Je lui envoie un mail.

③ Lui j'envoie un mail.

④ J'envoie un mail lui.

6 다음 프랑스어를 올바르게 배열해 문장을 완성하세요.

> un / lui / vous / message / envoyez / ?

당신은 그녀(그)에게 메시지를 보내시는 거예요?

→ _____

LEÇON 18

음원 바로 듣기

너는 지갑을 여기에 두네.
Tu laisses ton portefeuille ici.

오늘의 목표

- laisser 동사
- 목적 보어 대명사 복습

오늘의 어휘

쪽지	note (n.f.) 노뜨	지갑	portefeuille (n.m.) 뽀ㄸf푀이으
~위에	sur 쒸ㅎ	저기(에), 거기(에)	là-bas 라 바

 **오늘의 핵심 내용**

laisser 동사

'남겨 두다', '~하게 두다', '내버려두다'의 의미를 가지고 있어요. 영어의 leave, let 동사와 비슷해요.

남겨 두다, ~하게 두다 : laisser (1군 동사)			
Je 쥬	**laisse** 레쓰	Nous 누	**laissons** 레쏭
Tu 뛰	**laisses** 레쓰	Vous v부	**laissez** 레쎄
Il / Elle 일 엘	**laisse** 레쓰	Ils / Elles 일 엘	**laissent** 레쓰

나는 쪽지를 남긴다. **Je laisse une note.**
쥬 레쓰 윈 노뜨

나는 그것을 남긴다. **Je la laisse.**
쥬 라 레쓰

나는 Marie에게 쪽지를 남긴다. **Je laisse une note à Marie.**
쥬 레쓰 윈 노뜨 아 마히

나는 그녀에게 쪽지를 남긴다. **Je lui laisse une note.**
쥬 뤼 레쓰 윈 노뜨

너는 그것을 여기에 내버려두는 거야? **Tu le laisses ici ?**
뛰 르 레쓰 이씨

네가 그들에게 쪽지 남길 거야? **Tu vas leur laisser une note ?**
뛰 v바 뢰ㅎ 레쎄 윈 노뜨

Leçon **18** 너는 지갑을 여기에 두네. **Tu laisses ton portefeuille ici.**

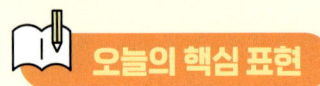 **오늘의 핵심 표현**

내가 쪽지 남긴다.	**Je laisse une note.** 쥬 레쓰 윈 노뜨
내가 너한테 쪽지 남긴다.	**Je te laisse une note.** 쥬 뜨 레쓰 윈 노뜨
내가 쪽지 남길게.	**Je vais laisser une note.** 쥬 v베 레쎄 윈 노뜨
내가 그(그녀)에게 쪽지 남길게.	**Je vais lui laisser une note.** 쥬 v베 뤼 레쎄 윈 노뜨
그는 (그의) 가방을 여기다 두네.	**Il laisse son sac ici.** 일 레쓰 쏭 싹 이씨
그는 그걸(가방을) 여기다 두네.	**Il le laisse ici.** 일 르 레쓰 이씨
(당신) 가방 여기에 두시는 거예요?	**Vous laissez votre sac ici ?** v부 레쎄 v보트ㅎ 싹 이씨
그거(가방) 여기에 두시는 거예요?	**Vous le laissez ici ?** v부 르 레쎄 이씨
네 가방 여기에 둬도 돼.	**Tu peux laisser ton sac ici.** 뛰 뾔 레쎄 똥 싹 이씨
(당신) 가방 여기에 두셔도 돼요.	**Vous pouvez laisser votre sac ici.** v부 뿌v베 레쎄 v보트ㅎ 싹 이씨
그들은 테이블 위에 (그들의) 가방들을 두네.	**Ils laissent leurs sacs sur la table.** 일 레쓰 뢰ㅎ 싹 쒸ㅎ 라 따블르
너 (네) 지갑을 여기에 두네!	**Tu laisses ton portefeuille ici !** 뛰 레쓰 똥 뽁뜨f푀이으 이씨
그는 (그의) 지갑을 저기에 두네.	**Il laisse son portefeuille là-bas.** 일 레쓰 쏭 뽁뜨f푀이으 라 바

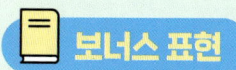 **보너스 표현**

 나 좀 내버려둬!
Laisse-moi tranquille !
레쓰 무아 트헝낄

 됐어, 신경 안 써도 돼.
Laisse tomber.
레쓰 똥베

 오늘의 회화 완성!

 너는 (네) 지갑을 여기에 두네.
Tu laisses ton portefeuille ici.
뛰 레쓰 똥 뽁뜨f푀이으 이씨

 어디에 있지?
Où ça ?
우 싸

 의자 위에 있어.
Il est sur la chaise.
일레 쒸ㅎ 라 쉐z즈

Leçon 18 너는 지갑을 여기에 두네. Tu laisses ton portefeuille ici. **141**

1 laisser의 뜻으로 알맞은 것을 고르세요.

① 먹다

② 남겨 두다, 두다

③ 걷다

④ 보다

2 다음 문장을 프랑스어로 쓰고 읽어 보세요.

나는 쪽지를 남긴다.

→ _____

3 빈칸에 알맞은 말을 넣어 문장을 완성하고, 발음해 보세요.

당신은 당신의 가방을 여기에 두셔도 돼요.

→ Vous pouvez _____ _____ _____ ici.

4 다음 문장을 의미하는 프랑스어로 올바른 것을 고르세요.

> 그가 그녀에게 쪽지를 남길 거예요.

① Il va laisser lui une note.

② Il va lui laisser une note.

③ Lui va laisser une note.

④ Elle va lui laisser une note.

5 다음 중 '의자 위에'를 의미하는 것을 고르세요.

① sous la chaise

② sur la chaise

③ dans la chaise

④ à la chaise

6 다음 프랑스어를 올바르게 배열해 문장을 완성하세요.

> laisses / portefeuille / tu / ton / ici

너는 네 지갑을 여기에 두네.

→ _____

LEÇON 19

가자!
On y va !

음원바로듣기

 오늘의 목표
- 중성 대명사 y
- 대명사 위치 복습

 오늘의 어휘

| 학교 | école (n.f.)
에꼴 | 집 | maison (n.f.)
메z종 |

중성 대명사 y

프랑스어는 앞서 나온 말을 반복하는 것을 되도록 피해요. 먼저 나온 'à + 장소'를 뒤에서는 중성 대명사 y로 대신 말해요. 중성 대명사의 위치도 마찬가지로 동사 앞이에요.

나는 파리에 간다.　　　　　　**Je vais à Paris.**
　　　　　　　　　　　　　　쥬　v베　아 빠히

나는 거기에 간다.　　　　　　**J'y vais.**
　　　　　　　　　　　　　　쥐　v베

'à + 장소'를 구체적으로 표현하는 문장이 아니더라도, '어떤 장소에' 혹은 '그냥 간다'고 말할 때도 중성 대명사 y를 사용해요.

나 간다.　　　　　　　　　　**J'y vais.**
　　　　　　　　　　　　　　쥐　v베

나 갈 거야.　　　　　　　　　**Je vais y aller.**
　　　　　　　　　　　　　　쥬　v베　이 알레

가자.　　　　　　　　　　　　**On y va.**
　　　　　　　　　　　　　　오니　v바

갈까?　　　　　　　　　　　　**On y va ?**
　　　　　　　　　　　　　　오니　v바

중성 대명사 y가 포함된 부정문은 'ne + y + 동사 + pas'의 형태예요. 여기에서 ne와 y는 축약해요. 구어에서는 ne를 생략하고 pas만 붙여 말하기도 해요.

나는 거기에 안 가.　　　　　　**Je n'y vais pas.**
　　　　　　　　　　　　　　쥬　니　v베　빠

　　　　　　　　　　　　　　= J'y vais pas.
　　　　　　　　　　　　　　쥐　v베　빠

Leçon 19 가자! On y va !

 **오늘의 핵심 표현**

너 학교 가니?	Tu vas à l'école ? 뛰 v바 아 레꼴
응, 나는 거기에 가.	Oui, j'y vais. 위 쥐 v베
너 서울 가?	Tu vas à Séoul ? 뛰 v바 아 쎄울
아니, 나 거기 안 가.	Non, je n'y vais pas. 농 쥬 니 v베 빠
파리에 가세요?	Vous allez à Paris ? v부z잘레 아 빠히
네, 저 거기에 가요.	Oui, j'y vais. 위 쥐 v베
그는 집에 있나요?	Il est à la maison ? 일레 알라 메z종
네, 그는 거기 있어요.	Oui, il y est. 위 일리 에
그녀는 회사에 있나요?	Elle est au travail ? 엘레 오 트하v바이
아니요, 그녀는 거기 없어요.	Non, elle n'y est pas. 농 엘 니 에 빠
그들은 빵집에 가나요?	Ils vont à la boulangerie ? 일 v봉 알라 불렁쥬히
네, 그들은 거기에 가요.	Oui, ils y vont. 위 일z지 v봉

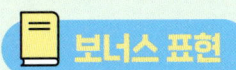 **보너스 표현**

 나 가야 해.
Je dois y aller.
쥬 두아 이 알레

 너 가야 해?
Tu dois y aller ?
뛰 두아 이 알레

 **오늘의 회화 완성!**

 빵집 가려고?
Tu vas à la boulangerie ?
뛰 v바 알라 불렁쥬히

 응, 지금 가려고. 너는?
Oui, j'y vais maintenant. Et toi ?
위 쥐 v베 망뜨넝 에 뚜아

 나는 오늘 안 갈래.
Non, je n'y vais pas aujourd'hui.
농 쥬 니 v베 빠 오쥬ㅎ뒤

 **잠깐 복습!**

1 다음 중 'à + 장소'를 대신하는 대명사를 고르세요.

① en ② le
③ y   ④ lui

2 다음 중 중성 대명사 y가 들어갈 알맞은 위치를 고르세요.

응, 거기에 가.

→ Oui, ① j' ② vais ③ .

3 다음 문장을 부정문으로 만들어 보세요.

J'y vais pas.

→ _____

4 다음 중 '그는 거기 있어요'를 올바르게 표현한 프랑스어 문장을 고르세요.

① Il y a.

② Il y est.

③ Il est y.

④ Il est à y.

5 중성 대명사를 활용해 다음 질문에 대한 대답을 마저 쓰세요.

1) Tu vas à la boulangerie ?
  → Oui, _____.

2) Il va au travail ?
  → Non, _____.

3) Elles vont à la piscine ?
  → Non, _____.

4) Il est à la maison ?
  → Oui, _____.

6 다음 문장을 프랑스어로 쓰고 읽어 보세요.

1) 나 가야 해. → _____

2) 갈까? → _____

LEÇON 20

음원 바로 듣기

봐 봐!
Regarde !

오늘의 목표
- 명령문

오늘의 어휘

| 조심하다, 주의하다 | faire attention
f페ㅎ 아떵씨옹 |

 **오늘의 핵심 내용**

명령문

명령문은 꼭 명령할 때만 쓰는 문장은 아니에요. 제안하거나 가볍게 지시할 때도 사용할 수 있어요. 주어 없이 동사부터 써요.

봐 봐!　　　　　　　　　　**Regarde !**
　　　　　　　　　　　　　흐갸흐드

세 가지의 명령문

명령문에는 Tu 명령문, Nous 명령문, Vous 명령문이 있어요. Regarder 동사로 3가지 명령문을 만들어 봐요.

▶ Tu 명령문

Tu 명령문은 가까운 사이에서 '~해'와 같은 직접적인 말을 할 때 사용해요.

평서문	너는 본다.	**Tu regardes.** 뛰　흐갸흐드
Tu 명령문	봐 봐!	**Regarde !** 흐갸흐드

▶ Nous 명령문

Nous 명령문은 '같이 ~하자'는 제안을 할 때 사용해요.

평서문	우리는 본다.	**Nous regardons.** 누　흐갸흐동
Nous 명령문	보자!	**Regardons !** 흐갸흐동

▶ Vous 명령문

Vous 명령문은 존댓말로 또는 여러 사람에게 '~하세요'라고 할 때 사용해요.

평서문	당신은 본다.	**Vous regardez.** v부 　 흐갸흐데
Vous 명령문	보세요!	**Regardez !** 흐갸흐데

1군 동사의 Tu 명령문

1군 동사로 Tu 명령문을 만들 때는 Tu 동사 변화 맨 뒤의 s를 생략해요.

	평서문	명령문
보다: regarder	**Tu regardes.** 뛰　흐갸흐드	**Regarde !** 흐갸흐드
먹다: manger	**Tu manges.** 뛰　멍쥬	**Mange !** 멍쥬
공부하다: étudier	**Tu étudies.** 뛰　에뛰디	**Étudie !** 에뛰디

오늘의 핵심 표현

봐 봐! **Regarde !**
흐갸흐드

이 고양이 좀 봐! **Regarde ce chat !**
흐갸흐드 쓰 샤

영화 한 편 보자. **Regardons un film.**
흐갸흐동 앙 f필ㅁ

이 사진 좀 보세요. **Regardez cette photo.**
흐갸흐데 쎘 f포또

여기 보세요. **Regardez ici.**
흐갸흐데 이씨

여기 보지 마. **Ne regarde pas ici.**
느 흐갸흐드 빠 이씨

조심해! **Fais attention !**
f페 아떵씨옹

조심하세요! **Faites attention !**
f페ㄸ 아떵씨옹

숙제하세요. **Faites vos devoirs.**
f페ㄸ v보 드v부아ㅎ

잠시 쉬자. **Faisons une pause.**
f프z종 윈 뽀z즈

커피 한잔해. **Prends un café.**
프헝 앙 꺄f페

커피 한잔하세요. **Prenez un café.**
프흐네 앙 꺄f페

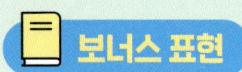 **보너스 표현**

천천히 해. (너의 시간을 가져.)

Prends ton temps.
프헝   똥   떵

천천히 하세요. (당신의 시간을 가지세요.)

Prenez votre temps.
프흐네   v보트흐 떵

 **오늘의 회화 완성!**

저 고양이 봐 봐!

Regarde ce chat !
흐갸흐ㄷ   쓰   샤

오, 너무 귀엽다!

Oh, il est trop mignon !
오   일레   트호   미뇽

사진 하나 찍어.

Prends une photo.
프헝   윈   f포또

 **잠깐 복습!**

1 Tu 명령문을 만들 때 1군 동사의 변화로 알맞은 것을 고르세요.

① 어미 –s를 유지한다.

② 어미 –s를 생략한다.

③ –ez로 바꾼다.

④ 변화하지 않는다.

2 manger 동사의 명령문 3가지를 써 보세요.

1) 먹어! (Tu 명령문) → _____

2) 먹자! (Nous 명령문) → _____

3) 드세요! (Vous 명령문) → _____

3 다음 문장을 프랑스어로 쓰고 읽어 보세요.

1) 이 사진 좀 봐!
→ _____

2) 여기 보지 마세요!
→ _____

3) 커피 한잔하자.
→ _____

4) 천천히 하세요.
→ _____

4 다음 중 '조심하세요'를 올바르게 표현한 프랑스어 문장을 고르세요.

① Fais attention !

② Faites attention !

③ Faisons attention !

④ Attention fais !

Leçon **20** 봐 봐! *Regarde !*

LEÇON 21

그거 더 먹을래?
Tu en veux encore ?

음원 바로 듣기

 오늘의 목표

- 중성 대명사 en
- '먹다', '마시다', '원하다' 표현하기

 오늘의 어휘

| 초콜릿 | chocolat (n.m.) 쇼꼴라 | 망고 | mangue (n.f.) 멍그 |

오늘의 핵심 내용

중성 대명사 en

프랑스어는 앞서 나온 말의 반복을 가급적 하지 않아요. 'de + 명사' 다음에 같은 말이 반복될 때는 이를 중성 대명사 en으로 대신해요. 중성 대명사의 위치는 동사의 앞이에요.

나는 물을 원한다.　　　　　**Je veux de l'eau.**
　　　　　　　　　　　　　쥬　v뵈　들로

→ 나는 그것을 원한다.　　　**J'en veux.**
　　　　　　　　　　　　　정　　v뵈

'du / de la / des + 명사' 형태 모두 중성 대명사 en으로 받을 수 있어요!

나는 빵을 원한다.　　　　　**Je veux du pain.**
　　　　　　　　　　　　　쥬　v뵈　뒤　빵

→ 나는 그것을 원한다.　　　**J'en veux.**
　　　　　　　　　　　　　정　　v뵈

중성 대명사 en이 포함된 부정문은 'ne + en + 동사 + pas'의 형태예요. 여기에서 ne와 en은 축약해요. 구어에서는 ne를 생략하고 pas만 붙여 말하기도 해요.

나는 그걸 원하지 않아.　　 **Je n'en veux pas.**
　　　　　　　　　　　　　쥬　넝　v뵈　빠

　　　　　　　　　　　　 = **J'en veux pas.**
　　　　　　　　　　　　　정　v뵈　빠

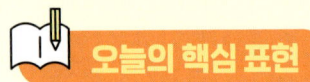 **오늘의 핵심 표현**

너 초콜릿 먹니? | **Tu manges du chocolat ?**
뛰 멍쥬 뒤 쇼꼴라

응, (그것을) 먹어. | **Oui, j'en mange.**
위 정 멍쥬

오믈렛 드시는 거예요? | **Vous mangez de l'omelette ?**
v부 멍줴 드 로믈렛ㄸ

네, (그것을) 먹어요. | **Oui, j'en mange.**
위 정 멍쥬

그는 커피 마셔요? | **Il boit du café ?**
일 부아 뒤 꺄페

네, 그는 (그것을) 마셔요. | **Oui, il en boit.**
위 일렁 부아

그녀는 술 마셔요? | **Elle boit de l'alcool ?**
엘 부아 드 랄꼴

아니요, 그녀는 (그것을) 마시지 않아요. | **Non, elle n'en boit pas.**
농 엘 넝 부아 빠

빵 원하니? | **Tu veux du pain ?**
뛰 v뵈 뒤 빵

(그것을) 원해. | **J'en veux.**
정 v뵈

그들은 망고를 원한대요? | **Ils veulent des mangues ?**
일 v뵐ㄹ 데 멍그

네, 그들은 (그것을) 원해요. | **Oui, ils en veulent.**
위 일z정 v뵐ㄹ

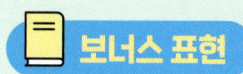 **보너스 표현**

(그거) 더 원해?

Tu en veux encore ?
뛰 엉 v뵈 엉꼬ㅎ

(그거) 더 원해.

J'en veux encore.
정   v뵈   엉꼬ㅎ

 **오늘의 회화 완성!**

더 먹을래?

Tu en veux encore ?
뛰 엉 v뵈   엉꼬ㅎ

응, 너무 맛있다!

Oui, c'est trop bon !
위   쎄   트호 봉

그게 마지막이야.

C'est le dernier.
쎄   르 데흐니에

 잠깐 복습!

1 다음 중 'de + 명사'를 대신하는 알맞은 대명사를 고르세요.

① y   ② en
③ lui   ④ le

2 다음 중 중성 대명사 en의 위치로 올바른 것을 고르세요.

① 동사 뒤

② 동사 앞

③ 문장 맨 끝

④ 주어 앞

3 빈칸에 알맞은 말을 넣어 대화를 완성하세요.

> A: 물 마실래?
> B: 응, 마실래.

→ A: Tu veux de l'eau ?
　B: Oui, _____.

4 다음 대화를 완성하세요.

> A: 그녀는 술을 마시나요?
> B: 아니요, 그녀는 (그것을) 마시지 않아요.

→ A: _____
　　B: _____

5 다음 문장을 중성 대명사 en을 활용해 프랑스어로 쓰고 읽어 보세요.

당신은 그것을 먹지 않는군요.
→ _____

6 다음 프랑스어를 올바르게 배열해 문장을 완성하세요. 축약이 필요한 경우 축약하세요.

> en / veulent / ils / ne / pas

그들은 그것을 원하지 않아요.
→ _____

LEÇON 22

12~21강 복습
Révision

음원 바로 듣기

오늘의 목표
- 12~21강 복습 퀴즈
- 친구와의 대화문

오늘의 어휘

| 귀여운 | mignon(ne)
미뇽 (미뇬ㄴ) | 바로 | tout de suite
뚜드쒸뜨 |

다음 한국어 뜻에 맞는 프랑스어 문장을 고르세요.

1 나는 그녀 없이 테니스를 친다.

   A. Je fais du tennis avec elle.

   B. Je fais du tennis sans elle.

   C. Je fais du tennis chez elle.

2 그녀는 나보다 키가 커.

   A. Elle est plus grande que moi.

   B. Elle est moins grande que moi.

   C. Elle est plus petite que moi.

3 이건 내 인생 (최고의) 드라마야.

   A. C'est le meilleur resto de ma vie.

   B. C'est la meilleur série de ma vie.

   C. C'est la meilleure série de ma vie.

4 나 그거 안 보여.

   A. Je ne le regarde pas.

   B. Je ne le vois pas.

   C. Je le vois.

5 나한테 이 책 주려고?

   A. Tu me donnes ce livre ?

   B. Tu lui donnes ce livre ?

   C. Tu leur donnes ce cadeau ?

6 그(그녀)에게 메시지 보내시는 거예요?

   A. Tu lui envoies un message ?

   B. Vous m'envoyez un message ?

   C. Vous lui envoyez un message ?

7 그들은 테이블 위에 그들의 가방들을 두네.

   A. Je laisse mon sac sur la table.

   B. Ils laissent leurs sacs sur la table.

   C. Ils laissent ton sac sur la table.

8 그녀는 (거기에) 있어요.

   A. Elle y est.

   B. Elle y va.

   C. J'y suis.

9 천천히 하세요. (당신의 시간을 가지세요.)

A. Prenez le bus.

B. Prenez un café.

C. Prenez votre temps.

10 저는 그걸 원해요.

A. J'en veux.

B. J'en mange.

C. J'en boit.

▶ 실전 회화: 예쁘고 맛있는 카페 가기

이 카페 봐 봐, 귀엽지 않아?

Regarde ce café, il est mignon, non ?
흐갸흐ㄷ   쓰 꺄f페, 일레 미뇽   농

응, 나 거기 자주 가. 그리고 거기 커피 다른 데보다 맛있어.

Oui, j'y vais souvent. Et son café est meilleur que l'autre.
위   쥐 v베 쑤v벙   에 쏭 꺄f페 에 메이외ㅎ 끄   로트ㅎ

커피 매일 마셔?

Tu prends du café tous les jours ?
뛰 프헝   뒤 꺄f페 뚤레   쥬ㅎ

응, 매일 마셔!

Oui, j'en bois tous les jours !
위   졍   부아 뚤레   쥬ㅎ

나한테 주소 좀 보내 줄 수 있어?

Tu peux m'envoyer l'adresse ?
뛰 쁘   멍 v부와예   라드헤쓰

응, 너한테 바로 보내 줄게.

Oui, je t'envoie tout de suite.
위   쥬 떵v부아   뚜 드 쒸ㄸ

LEÇON 23

음원 바로 듣기

영화 보면서 밥 먹어.

Je mange en regardant un film.

오늘의 목표

- '~하면서 ~한다' 표현하기
- 제롱디프 형태 만들기

오늘의 어휘

듣다	écouter 에꾸떼	일하다	travailler 트하v바이예

 **오늘의 핵심 내용**

제롱디프(Gérondif)

제롱디프를 이용해 '~하면서'라는 동시 동작을 표현할 수 있어요. 형태는 'en + ____ant'예요.

보면서　　　　　　　　　　**en regardant**
　　　　　　　　　　　　　엉　　흐갸흐덩

제롱디프 만들기

순서		regarder	faire	écouter
1	Nous 인칭 동사에서 어간 찾기 (-ons 빼기!)	nous regardons	nous faisons	nous écoutons
2	어간에 -ant 붙이기	regardant	faisant	écoutant
3	앞에 en을 붙여 주면 완성!	en regardant 보면서	en faisant 하면서	en écoutant 들으면서

나는 TV를 보면서 숙제를 한다.　　**Je fais mes devoirs en regardant la télé.**
　　　　　　　　　　　　　　　쥬　f페　메　　드v부아ㅎ　엉　흐갸흐덩　　라 뗄레

운동을 하면서	en faisant du sport 엉　f프z정　뒤　스뽀ㅎ
요리를 하면서	en faisant la cuisine 엉　f프z정　라　뀌z진ㄴ
음악을 들으면서	en écoutant de la musique 어네꾸떵　　들라　　뮈z지끄
커피를 마시면서	en buvant du café 엉　뷔v벙　뒤　꺄f페

Leçon 23 영화 보면서 밥 먹어. Je mange en regardant un film.

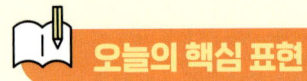 **오늘의 핵심 표현**

나는 영화를 한 편 보면서 숙제를 한다.	**Je fais mes devoirs en regardant un film.** 쥬 f페 메 드v부아ㅎ 엉 흐갸흐덩 앙 f필ㅁ
너 운동하면서 TV 보는 거야?	**Tu regardes la télé en faisant du sport ?** 뛰 흐갸흐드 라 뗄레 엉 f프z정 뒤 스뽀ㅎ
그는 요리하면서 노래를 부른다.	**Il chante en faisant la cuisine.** 일 셩뜨 엉 f프z정 라 뀌z진ㄴ
그녀는 음악을 들으면서 침대 정리를 한다.	**Elle fait son lit en écoutant de la musique.** 엘 f페 쏭 리 어네꾸떵 들라 뮈z지끄
우리는 음악을 들으면서 운동을 한다.	**Nous faisons du sport** 누 f프z종 뒤 스뽀ㅎ **en écoutant de la musique.** 어네꾸떵 들라 뮈z지끄
우리는 음악을 들으면서 숙제를 한다.	**Nous faisons nos devoirs** 누 f프z종 노 드v부아ㅎ **en écoutant de la musique.** 어네꾸떵 들라 뮈z지끄
커피 마시면서 뭐 하세요?	**Vous faites quoi en buvant du café ?** v부 f페뜨 꾸아 엉 뷔v벙 뒤 꺄f페
그들은 커피 마시면서 뭐 해?	**Ils font quoi en buvant du café ?** 일 f퐁 꾸아 엉 뷔v벙 뒤 꺄f페
나는 파스타 먹으면서 TV 보고 있어.	**Je regarde la télé** 쥬 흐갸흐드 라 뗄레 **en mangeant des pâtes.** 엉 멍졍 데 빠뜨
너 파스타 먹으면서 뭐 해?	**Tu fais quoi en mangeant des pâtes ?** 뛰 f페 꾸아 엉 멍졍 데 빠뜨

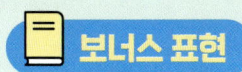 **보너스 표현**

 일하면서 커피를 마신다.

Je bois du café en travaillant.
쥬 부아 뒤 꺄f페 엉 트하v바이영

 일하면서 영화를 한 편 본다.

Je regarde un film en travaillant.
쥬 흐갸흐드 앙 f필므 엉 트하v바이영

 **오늘의 회화 완성!**

 너 뭐 해?

Tu fais quoi ?
뛰 f페 꾸아

 나 영화 한 편 보면서 밥 먹어.

Je mange en regardant un film.
쥬 멍쥬 엉 흐갸흐덩 앙 f필므

 전형적인 일요일이구나!

Classique du dimanche !
끌라씨끄 뒤 디멍슈

 **잠깐 복습!**

1 다음 중 제롱디프의 형태로 올바른 것을 고르세요.

① in + _____ant

② an + _____ent

③ en + _____ent

④ en + _____ant

2 regarder 동사의 제롱디프를 쓰세요.

→ _____

3 빈칸에 알맞은 말을 넣어 다음 대화를 완성하세요.

> A: 너 뭐 해?
> B: 나는 요리하면서 노래 불러.

→ A: Tu fais quoi ?

　　B: Je chante _____ la cuisine.

4 빈칸에 알맞은 말을 넣어 다음 대화를 완성하세요.

> A: 그들은 커피 마시면서 뭐 해?
> B: 그들은 커피 마시면서 숙제를 해.

→ A: Ils font quoi _____ ?

B: _____

5 다음 문장을 프랑스어로 쓰고 읽어 보세요.

1) 우리는 일하면서 커피를 마신다.
   → _____

2) 나는 음악을 들으면서 운동을 한다.
   → _____

6 다음 프랑스어를 올바르게 배열해 문장을 완성하세요.

> regarde / du / elle / télé / en / sport / faisant / la

그녀는 운동을 하면서 TV를 본다.
→ _____

LEÇON 24

나는 아침에 씻어.
Je me lave le matin.

오늘의 목표

- 대명 동사와 재귀 대명사
- laver 동사
- se laver 동사

오늘의 어휘

| 강아지 | chien (n.m.) 쉬앙 | 아기 | bébé (n.m.) 베베 |

 **오늘의 핵심 내용**

laver 동사

1군 동사로 '~을 씻기다'라는 의미예요. 뒤에 항상 목적어가 와요.

~을 씻기다 : laver (1군 동사)			
Je 쥬	**lave** 라v브	Nous 누	**lavons** 라v봉
Tu 뛰	**laves** 라v브	Vous v부	**lavez** 라v베
Il / Elle 일 엘	**lave** 라v브	Ils / Elles 일 엘	**lavent** 라v브

나는 내 아이를 씻긴다.   **Je lave mon bébé.**
　　　　　　　　　　　　쥬 　라v브　몽　　베베

그는 그의 강아지를 씻긴다.　**Il lave son chien.**
　　　　　　　　　　　　　일 라v브　쏭　　쉬앙

대명 동사와 재귀 대명사

대명 동사는 '대명사랑 같이 다니는 동사'라는 뜻이에요. 가장 기본적으로는 <u>자신이 자신에게</u> 하는 동작을 표현할 때 사용하죠. 대명 동사에서 동사와 같이 다니는 대명사가 바로 재귀 대명사예요. 재귀 대명사는 <u>목적어가 주어와 동일할 때</u> 쓰는 대명사예요. 즉 대명 동사는 '재귀 대명사 + 동사' 형태이며, 이때 재귀 대명사는 주어의 인칭에 맞게 변화해요.

재귀 대명사　+　동사　→　대명 동사

(자신을) 씻다　　　　　**se laver**

대명 동사의 재귀적 용법

대명 동사의 가장 기본 용법은 재귀적 용법이에요. 재귀(再歸)는 '다시 돌아간다'라는 의미로 동작이 자신에게 다시 돌아가는 경우를 표현해요. 예를 들어, '씻기다'라는 말은 뒤에 어떤 대상이 오게 되는데, 우리의 '씻다'라는 말을 '자기 자신을 씻긴다'고 표현하게 되는 거죠.

se laver 동사

1군 동사로 '씻다'라는 의미예요. se 자리에 주어에 맞는 재귀 대명사를 넣어요.

씻다: se laver (1군 동사)			
Je 쥬	me lave 므 라v브	Nous 누	nous lavons 누 라v봉
Tu 뛰	te laves 뜨 라v브	Vous v부	vous lavez v부 라v베
Il / Elle 일 엘	se lave 쓰 라v브	Ils / Elles 일 엘	se lavent 쓰 라v브

나는 씻는다.　　　　　　　　　**Je me lave.**
　　　　　　　　　　　　　　　쥬　므　라v브

대명 동사 부정문

대명 동사 부정문은 '재귀 대명사 + 동사'의 앞뒤로 ne pas를 붙여 주면 돼요.

너 안 씻어?　　　　　　　　　**Tu ne te laves pas ?**
　　　　　　　　　　　　　　　뛰　느　뜨 라v브　빠

안 씻으세요?　　　　　　　　　**Vous ne vous lavez pas ?**
　　　　　　　　　　　　　　　v부　느　v부　라v베　빠

나는 내 강아지를 씻긴다.	**Je lave mon chien.** 쥬 라v브 몽 쉬앙
나는 내 아기를 씻긴다.	**Je lave mon bébé.** 쥬 라v브 몽 베베
네 강아지 씻기는 거야?	**Tu laves ton chien ?** 뛰 라v브 똥 쉬앙
아기 씻기시는 거예요?	**Vous lavez votre bébé ?** v부 라v베 v보트ㅎ 베베
나는 씻는다.	**Je me lave.** 쥬 므 라v브
나는 7시에 씻는다.	**Je me lave à sept heures.** 쥬 므 라v브 아 쎄뙤ㅎ
너 몇 시에 씻어?	**Tu te laves à quelle heure ?** 뛰 뜨 라v브 아 껠뢰ㅎ
그는 8시에 씻어.	**Il se lave à huit heures.** 일 쓰 라v브 아 위뙤ㅎ
아침에 씻으세요?	**Vous vous lavez le matin ?** v부 v부 라v베 르 마땅
아침에는 안 씻으세요?	**Vous ne vous lavez pas le matin ?** v부 느 v부 라v베 빠 르 마땅
그들은 운동 후에 씻는다.	**Ils se lavent après le sport.** 일 쓰 라v브 아프헤 르 스뽀ㅎ

Leçon 24 나는 아침에 씻어. Je me lave le matin.

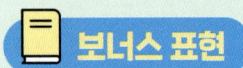 **보너스 표현**

 나는 손을 씻어.
Je me lave les mains.
쥬 므 라v브 레 망

 나는 머리를 감아.
Je me lave les cheveux.
쥬 므 라v브 레 슈v뵈

 **오늘의 회화 완성!**

 너 뭐 해?
Tu fais quoi ?
뛰 f페 꾸아

 나 강아지 씻기고 있어.
Je lave mon chien.
쥬 라v브 몽 쉬앙

 그러고 나서 나 씻는다!
Et après, je vais me laver !
에 아프헤 쥬 v베 므 라v베

 **잠깐 복습!**

1 다음 중 '대명 동사'의 의미로 알맞은 것을 고르세요.

① 대명사와 함께 쓰이는 동사

② 명사를 꾸미는 동사

③ 목적어가 없는 동사

④ 미래 시제를 나타내는 동사

2 빈칸에 알맞은 말을 넣어 문장을 완성하고, 발음해 보세요.

1) 나는 씻는다. → Je _____ lave.

2) 그는 씻는다. → Il _____ lave.

3) 당신은 씻는다. → Vous _____ _____.

3 다음 중 '너 몇 시에 씻어?'를 올바르게 표현한 프랑스어 문장을 고르세요.

① Tu fais quoi ?

② Tu te laves à quelle heure ?

③ Vous vous lavez le matin ?

④ Il se lave à huit heures.

4 다음 프랑스어를 올바르게 배열해 문장을 완성하세요.

nous / après / nous / sport / le / lavons

우리는 운동 후에 씻어요.

→ _____

Leçon 24 나는 아침에 씻어. Je me lave le matin. 177

LEÇON 25

음원 바로 듣기

몇 시에 일어나?
Tu te lèves à quelle heure ?

 오늘의 목표

- se lever
- se coucher
- se voir

 오늘의 어휘

| 알람 | réveil (n.m.)
헤v베이 | 자주 | souvent
쑤v벙 |

 **오늘의 핵심 내용**

se lever 동사

1군 동사(변칙)로 '일어나다'라는 의미예요. se 자리에 주어에 맞는 재귀 대명사를 넣어요. lever 동사와 같이 'e + 자음 + er'로 끝나는 1군 동사는 Nous와 Vous를 제외한 인칭에서 어간의 e가 è로 대체돼요.

일어나다: se lever (1군 동사 - 변칙)			
Je 쥬	me lève 므 레v브	Nous 누	nous levons 누 르v봉
Tu 뛰	te lèves 뜨 레v브	Vous v부	vous levez v부 르v베
Il / Elle 일 엘	se lève 쓰 레v브	Ils / Elles 일 엘	se lèvent 쓰 레v브

나는 일찍 일어난다.   **Je me lève tôt.**
　　　　　　　　　　쥬 　므 　레v브 　또

se coucher 동사

1군 동사로 '자러 가다', '잠자리에 들다'라는 의미예요. se 자리에 주어에 맞는 재귀 대명사를 넣어요.

자러 가다, 잠자리에 들다: se coucher (1군 동사)			
Je 쥬	me couche 므 꾸슈	Nous 누	nous couchons 누 꾸숑
Tu 뛰	te couches 뜨 꾸슈	Vous v부	vous couchez v부 꾸쉐
Il / Elle 일 엘	se couche 쓰 꾸슈	Ils / Elles 일 엘	se couchent 쓰 꾸슈

나는 늦게 잔다.   **Je me couche tard.**
　　　　　　　　쥬 　므 　꾸슈 　따ㅎ

Leçon 25 몇 시에 일어나? Tu te lèves à quelle heure ?

대명 동사의 상호적 용법

대명 동사의 또 다른 용법으로, 동작이 서로에게 똑같이 행해지는 의미로 사용될 때 '상호적 용법'이라고 표현해요. 이때 주어는 항상 복수형이에요. 예를 들어, voir 동사만 쓰면 '보다', '보이다'의 의미지만, 대명 동사인 se voir로 쓸 경우, '서로 보는' 행위가 되기 때문에 '만나다'로 의미가 확장돼요. 이때, 만나는 주체는 두 명 이상이기 때문에 주어가 복수형이 되는 거죠.

se voir 동사

3군 동사로 '만나다'라는 의미예요. se voir의 주어는 항상 복수이며, se 자리에 주어에 맞는 재귀 대명사를 넣어요.

서로 보다, 만나다: se voir (3군 동사)	
On 옹	se voit 쓰 v부아
Nous 누	nous voyons 누 v부와용
Vous v부	vous voyez v부 v부와예
Ils / Elles 일 엘	se voient 쓰 v부아

✅ **ATTENTION !** On은 '우리'의 의미로 사용될 수 있는데 문법적으로는 3인칭 단수로 취급해요.

우리 언제 만나?　　**On se voit quand ?**
　　　　　　　　　옹 쓰 v부아 껑

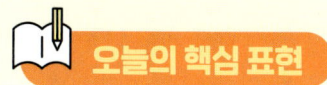 **오늘의 핵심 표현**

나는 일찍 일어난다. Je me lève tôt.
쥬 므 레v브 또

나는 알람에 맞춰 일어난다. Je me lève avec mon réveil.
쥬 므 레v브 아v벡 몽 헤v베이

너 늦게 일어나? Tu te lèves tard ?
뛰 뜨 레v브 따ㅎ

너 몇 시에 일어나? Tu te lèves à quelle heure ?
뛰 뜨 레v브 아 껠뢰ㅎ

알람에 맞춰 일어나세요? Vous vous levez avec votre réveil ?
v부 v부 르v베 아v벡 v보트ㅎ 헤v베이

그들은 11시에 일어나요. Ils se lèvent à onze heures.
일 쓰 레v브 아 옹z죄ㅎ

나는 일찍 잔다. Je me couche tôt.
쥬 므 꾸슈 또

나는 늦게 잔다. Je me couche tard.
쥬 므 꾸슈 따ㅎ

너 일찍 자? Tu te couches tôt ?
뛰 뜨 꾸슈 또

너 몇 시에 자? Tu te couches à quelle heure ?
뛰 뜨 꾸슈 아 껠뢰ㅎ

몇 시에 주무세요? Vous vous couchez à quelle heure ?
v부 v부 꾸쉐 아 껠뢰ㅎ

우리 언제 볼까? On se voit quand ?
옹 쓰 v부아 껑

그녀들은 서로 자주 만나. Elles se voient souvent.
엘 쓰 v부아 쑤v벙

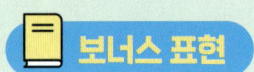 보너스 표현

 나는 10시쯤 일어나.

Je me lève vers dix heures.
쥬 므 레v브 v베ㅎ 디z죄ㅎ

 나는 22시쯤 자.

Je me couche vers vingt-deux heures.
쥬 므 꾸슈 v베ㅎ v방 되z죄ㅎ

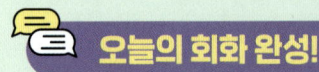 오늘의 회화 완성!

 너 몇 시에 일어나?

Tu te lèves à quelle heure ?
뛰 뜨 레v브 아 껠뢰ㅎ

 나는 6시에 일어나.

Je me lève à six heures.
쥬 므 레v브 아 씨z죄ㅎ

 그럼 우리 9시에 보자!

Alors, on se voit à neuf heures !
알로ㅎ 옹 쓰 v부아 아 뇌v뵈ㅎ

 **잠깐 복습!**

1 se lever 동사의 동사 변화를 써 보세요.

일어나다: se lever (1군 동사 – 변칙)			
Je		Nous	
Tu		Vous	
Il / Elle		Ils / Elles	

2 se voir 동사의 뜻을 쓰고, 주어가 될 수 있는 인칭 대명사와 알맞은 동사 변화를 써 보세요.

_____ : se voir (3군 동사)	

3 나는 보통 몇 시에 자는지 쓰고 읽어 보세요.

→ _____

LEÇON 26

음원 바로 듣기

나 붙었어!
J'ai réussi !

 오늘의 목표

- 복합 과거 시제
- 복합 과거 조동사

 오늘의 어휘

| 그저께 | avant-hier
아v벙띠예ㅎ | 시험 | examen (n.m.)
에그z자망 |

 **오늘의 핵심 내용**

복합 과거

두 가지 요소가 만나 '복합' 과거예요. 가장 많이 쓰는 과거 시제로, 과거에 일어난 사실과 이미 완료된 동작을 표현할 수 있어요. 복합 과거 형태는 'avoir / être 현재형 + 과거 분사'로 여기서 avoir와 être 동사는 복합 과거 조동사예요. 일반적으로 avoir 동사를 주로 사용해요. Leçon 26에서는 avoir를 조동사로 사용하는 경우부터 배워 볼게요.

avoir / être 현재형   +   과거 분사

과거 분사

avoir / être 동사의 현재형은 이미 배웠으니, 동사의 과거 분사를 만들 수 있다면 복합 과거를 완성할 수 있겠죠? 동사를 과거 분사의 형태로 만드는 방법을 배워 봅시다.

▶ **1군 동사: -er ➡ é**

1군 동사는 er를 떼고 é를 붙여 과거 분사로 만들 수 있어요. 동사 원형에서 과거 분사의 발음이 크게 달라지지 않죠? 발음부터 익혀 보는 것도 좋습니다.

	동사 원형	과거 분사
먹다	manger 멍줴	mangé 멍줴
보다	regarder 흐갸흐데	regardé 흐갸흐데
공부하다	étudier 에뛰디에	étudié 에뛰디에

▶ 2군 동사: -ir ➡ i

2군 동사를 과거 분사로 만드는 방법은 더 쉬워요. 동사 원형에서 r만 떼면 돼요.

	동사 원형	과거 분사
끝내다	finir f피니ㅎ	fini f피니
선택하다	choisir 슈아z지ㅎ	choisi 슈아z지
성공하다, 합격하다	réussir 헤위씨ㅎ	réussi 헤위씨

복합 과거 완성!

avoir 동사 현재형과 과거 분사를 합쳐 주면 과거 표현을 할 수 있어요!

J'	ai
Tu	as
Il / Elle	a
Nous	avons
Vous	avez
Ils / Elles	ont

\+ **mangé** 멍줴

나는 식사를 했어.   J'ai mangé.
　　　　　　　　　 줴　 멍줴

너 밥 먹었니?　　　Tu as mangé ?
　　　　　　　　　 뛰　아　멍줴

우리는 밥 먹었어.　Nous avons mangé.
　　　　　　　　　 누z자v봉　　멍줴

그는 파스타를 먹었다.　　　　**Il a mangé des pâtes.**
　　　　　　　　　　　　　　일라　멍줴　　데　　빠뜨

그녀는 닭고기를 먹었다.　　　**Elle a mangé du poulet.**
　　　　　　　　　　　　　　엘라　　멍줴　　뒤　뿔레

오믈렛 드셨어요?　　　　　　**Vous avez mangé de l'omelette ?**
　　　　　　　　　　　　　　v부z자v베　　멍줴　　드　로믈레뜨

J'	ai		
Tu	as		
Il / Elle	a	+	**fini** f피니
Nous	avons		
Vous	avez		
Ils / Elles	ont		

그는 끝냈어. (다 했어.)　　　　**Il a fini.**
　　　　　　　　　　　　　　일라　f피니

끝내셨어요? (다 하셨어요?)　　**Vous avez fini ?**
　　　　　　　　　　　　　　v부z자v베　　f피니

그녀들은 끝냈어. (다 했어.)　　**Elles ont fini.**
　　　　　　　　　　　　　　엘z종　　f피니

나는 일을 끝냈다.　　　　　　**J'ai fini mon travail.**
　　　　　　　　　　　　　　줴　　f피니 몽　트하v바이

책 끝냈어? (다 읽었어?)　　　　**Tu as fini ton livre ?**
　　　　　　　　　　　　　　뛰　아　f피니 똥　리v브ㅎ

우리는 회의 끝났어.　　　　　**Nous avons fini notre réunion.**
　　　　　　　　　　　　　　누z자v봉　　f피니 노트ㅎ　헤위니옹

Leçon **26** 나 붙었어! *J'ai réussi !*

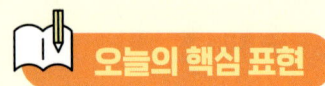 **오늘의 핵심 표현**

나는 빵을 조금 먹었어.　　　　　J'ai mangé du pain.
　　　　　　　　　　　　　　　쥬　멍줴　　　뒤　빵

너 빵 먹은 거야?　　　　　　　　Tu as mangé du pain ?
　　　　　　　　　　　　　　　뛰 아　멍줴　　　뒤　빵

나는 TV 봤어.　　　　　　　　　　J'ai regardé la télé.
　　　　　　　　　　　　　　　쥬　흐갸흐데　　라 뗄레

우리는 그저께 TV 봤어.　　　　　Nous avons regardé la télé avant-hier.
　　　　　　　　　　　　　　　누z자v봉　　　흐갸흐데　라 뗄레　아v벙띠예ㅎ

나 어제 공부했어.　　　　　　　　J'ai étudié hier.
　　　　　　　　　　　　　　　쥬　에뛰디에 이예ㅎ

우리는 그저께 공부했어.　　　　　Nous avons étudié avant-hier.
　　　　　　　　　　　　　　　누z자v봉　　　에뛰디에　아v벙띠예ㅎ

나는 내 숙제 끝냈어.　　　　　　J'ai fini mes devoirs.
　　　　　　　　　　　　　　　쥬　f피니　메　드v부아ㅎ

그들은 그들의 숙제를 끝냈어.　　Ils ont fini leurs devoirs.
　　　　　　　　　　　　　　　일z종　f피니 뢰ㅎ　드v부아ㅎ

나는 골랐어/선택했어.　　　　　J'ai choisi.
　　　　　　　　　　　　　　　쥬　슈아z지

너 골랐어/선택했어?　　　　　　Tu as choisi ?
　　　　　　　　　　　　　　　뛰 아 슈아z지

고르셨어요?　　　　　　　　　　Vous avez choisi ?
　　　　　　　　　　　　　　　v부z자v베　　슈아z지

그녀들은 이 영화를 골랐어.　　　Elles ont choisi ce film.
　　　　　　　　　　　　　　　엘z종　　슈아z지 쓰 f필ㅁ

| 너 시험 붙었어? | **Tu as réussi l'examen ?** |
| | 뛰 아 헤위씨 레그z자망 |

| 나 붙었어! | **J'ai réussi !** |
| | 줴 헤위씨 |

| 너희 시험 붙었어? | **Vous avez réussi l'examen ?** |
| | v부z자v베 헤위씨 레그z자망 |

| 우리 델프 붙었어! | **Nous avons réussi le DELF !** |
| | 누z자v봉 헤위씨 르 델f프 |

| 나는 프랑스어를 공부했어. | **J'ai étudié le français.** |
| | 줴 에뛰디에 르 f프헝쎄 |

| 너 프랑스어 공부했어? | **Tu as étudié le français ?** |
| | 뛰 아 에뛰디에 르 f프헝쎄 |

| 그는 영화 한 편 봤다. | **Il a regardé un film.** |
| | 일라 흐갸흐데 앙 f필ㅁ |

| 영화 한 편 보셨어요? | **Vous avez regardé un film ?** |
| | v부z자v베 흐갸흐데 앙 f필ㅁ |

| 그녀가 이 식당을 골랐어. | **Elle a choisi ce restaurant.** |
| | 엘라 슈아z지 쓰 헤스또헝 |

| 우리가 이 선물을 골랐어. | **Nous avons choisi ce cadeau.** |
| | 누z자v봉 슈아지 쓰 꺄도 |

| 너 해냈구나! | **Tu as réussi !** |
| | 뛰 아 헤위씨 |

| 우리가 같이 해냈어. | **Nous avons réussi ensemble.** |
| | 누z자v봉 헤위씨 엉썽블ㄹ |

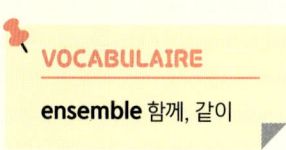

VOCABULAIRE

ensemble 함께, 같이

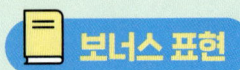 **보너스 표현**

 잘 먹었다.
J'ai bien mangé.
줴 비앙 멍줴

 잘 끝냈어.
J'ai bien fini.
줴 비앙 f피니

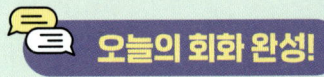 **오늘의 회화 완성!**

 시험 붙었어?
Tu as réussi l'examen ?
뛰 아 헤위씨 레그z자망

 응, 드디어!
Oui, enfin !
위 엉f팡

 축하해, 이제 자유네!
Bravo, tu es libre maintenant !
브하v보 뛰 에 리브ㅎ 망뜨넝

 잠깐 복습!

1 다음 동사들의 과거 분사 형태를 쓰세요.

1) manger → _____ 2) regarder → _____

3) étudier → _____ 4) finir → _____

5) choisir → _____ 6) réussir → _____

2 다음 문장을 프랑스어로 쓰고 읽어 보세요.

1) 나는 내 숙제를 끝냈어.
   → _____

2) 고르셨어요?
   → _____

3) 우리는 이 영화를 골랐어.
   → _____

4) 나 델프 붙었어!
   → _____

3 다음 프랑스어를 올바르게 배열해 문장을 완성하세요.

leurs / ont / ils / devoirs / fini

그들은 그저께 그들의 숙제를 끝냈어.
   → _____ avant-hier.

Leçon **26** 나 붙었어! J'ai réussi !

LEÇON 27

어제 뭐 했어?
Tu as fait quoi hier ?

음원 바로 듣기

오늘의 목표

- 3군 동사의 복합 과거 시제
- 복합 과거 부정문

오늘의 어휘

| 산책 | promenade (n.f.) 프홈나드 | 요리 | cuisine (n.f.) 뀌z진ㄴ |

3군 동사 복합 과거

3군 동사 복합 과거도 1, 2군 동사와 마찬가지로 'avoir / être 현재형 + 과거 분사' 형태예요.

avoir / être 현재형   +   과거 분사

3군 동사의 과거 분사

3군 동사는 1, 2군과 달리 과거 분사 형태가 불규칙해요.

	동사 원형	과거 분사
하다	faire f페ㅎ	fait f페
잡다, 취하다	prendre 프헝드ㅎ	pris 프히
두다	mettre 메트ㅎ	mis 미
보다	voir v부아ㅎ	vu v뷔
마시다	boire 부아ㅎ	bu 뷔
원하다	vouloir v불루아ㅎ	voulu v불뤼

복합 과거 완성!

avoir 동사 현재형과 과거 분사를 합쳐 주면 과거 표현을 할 수 있어요!

J'	ai
Tu	as
Il / Elle	a
Nous	avons
Vous	avez
Ils / Elles	ont

+ **fait** f페

J'	ai
Tu	as
Il / Elle	a
Nous	avons
Vous	avez
Ils / Elles	ont

+ **pris** 프히

복합 과거 부정문

조동사 avoir / être 앞뒤로 ne pas를 붙여 주면 돼요. ne와 모음이 만나면 축약해요!

나는 청소했어.　　　　　J'ai fait le ménage.
　　　　　　　　　　　　쥬　　f페　　르 메나쥬

나는 청소 안 했어.　　　Je n'ai pas fait le ménage.
　　　　　　　　　　　　쥬　네　빠　f페　르 메나쥬

 **오늘의 핵심 표현**

나는 청소했어.　　　　　　　　J'ai fait le ménage.
　　　　　　　　　　　　　　　쮀　f페　르 메나쮸

너 요리했어?　　　　　　　　　Tu as fait la cuisine ?
　　　　　　　　　　　　　　　뛰 아 f페 라 뀌z진ㄴ

그는 요리를 안 했어.　　　　　　Il n'a pas fait la cuisine.
　　　　　　　　　　　　　　　일나 빠　f페 라 뀌z진ㄴ

그들은 산책했어.　　　　　　　　Ils ont fait une promenade.
　　　　　　　　　　　　　　　일z종　f페 윈　프홈나ㄷ

나는 커피 한잔했어.　　　　　　　J'ai pris un café.
　　　　　　　　　　　　　　　쮀　프히 앙 꺄f페

커피 한잔하셨어요?　　　　　　　Vous avez pris un café ?
　　　　　　　　　　　　　　　v부z자v베　프히 앙 꺄f페

나는 내 가방을 여기에 놓았어.　　J'ai mis mon sac ici.
　　　　　　　　　　　　　　　쮀 미 몽 싹 이씨

설탕 넣었어?　　　　　　　　　　Tu as mis du sucre ?
　　　　　　　　　　　　　　　뛰 아 미 뒤 쒸크ㅎ

나 이거 봤어.　　　　　　　　　　J'ai vu ça.
　　　　　　　　　　　　　　　쮀　v뷔 싸

너 이거 봤어?　　　　　　　　　　Tu as vu ça ?
　　　　　　　　　　　　　　　뛰 아 v뷔 싸

나는 차를 좀 마셨어.　　　　　　　J'ai bu du thé.
　　　　　　　　　　　　　　　쮀 뷔 뒤 떼

나는 차 안 마셨어.　　　　　　　　Je n'ai pas bu de thé.
　　　　　　　　　　　　　　　쮸 네 빠 뷔 드 떼

어제 술 마셨어?	**Tu as bu hier ?** 뛰 아 뷔 이예ㅎ
우리는 주스 마셨어.	**Nous avons bu du jus.** 누z자v봉 뷔 뒤 쥐
난 이걸 원했어.	**J'ai voulu ça.** 줴 v불뤼 싸
난 산책하는 걸 원했어.	**J'ai voulu faire une promenade.** 줴 v불뤼 f페ㅎ 윈 프홈나드
나는 버스를 탔어.	**J'ai pris le bus.** 줴 프히 르 뷔ㅅ
너는 지하철 탔어?	**Tu as pris le métro ?** 뛰 아 프히 르 메트호
우리는 저녁 먹었어.	**On a pris le dîner.** 오나 프히 르 디네
그들은 아침을 안 먹었어.	**Ils n'ont pas pris le petit-déjeuner.** 일 농 빠 프히 르 쁘띠 데죄네
나는 와인을 좀 마셨어.	**J'ai bu du vin.** 줴 뷔 뒤 v방
와인 드셨어요?	**Vous avez bu du vin ?** v부z자v베 뷔 뒤 v방
그녀는 와인 안 마셨어.	**Elle n'a pas bu de vin.** 엘 나 빠 뷔 드 v방

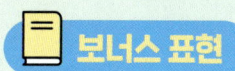 **보너스 표현**

 나 지난주에 이거 봤어.
J'ai vu ça la semaine dernière.
줴 v뷔 싸 라 쓰멘 데흐니에흐

 나 지난주에 술 마셨어.
J'ai bu la semaine dernière.
줴 뷔 라 쓰멘 데흐니에흐

 오늘의 회화 완성!

 어제 뭐 했어?
Tu as fait quoi hier ?
뛰 아 f페 꾸아 이예흐

 산책했어.
J'ai fait une promenade.
줴 f페 윈 프홈나드

 하루 종일?
Toute la journée ?
뚜뜨 라 쥬흐네

 **잠깐 복습!**

1 다음 동사의 과거 분사를 쓰세요.

1) faire → _____　　2) voir → _____

3) prendre → _____　　4) boire → _____

5) mettre → _____　　6) vouloir → _____

2 빈칸에 알맞은 말을 넣어 문장을 완성하고, 발음해 보세요.

너 숙제 했어? → Tu _____ fait tes devoirs ?

3 다음 문장을 프랑스어로 쓰고 읽어 보세요.

1) 나는 설거지했어.
   → _____

2) 너 이거 봤어?
   → _____

3) 우리는 그저께 술 마셨어.
   → _____

4) 어제 뭐 하셨어요?
   → _____

4 다음 프랑스어 문장의 뜻으로 알맞은 것을 연결하세요.

1) J'ai vu un film. · · ① 나는 영화를 봤어.

2) J'ai mis une veste. · · ② 나는 자켓을 입었어.

3) J'ai pris le bus. · · ③ 나는 버스를 탔어.

5 다음 중 '나는 차를 안 마셨어'를 올바르게 표현한 문장을 고르세요.

① J'ai bu du thé.
② Je n'ai pas bu de thé.
③ Je ne bu pas du thé.
④ Je n'ai bu pas du thé.

6 다음 프랑스어를 올바르게 배열해 문장을 완성하세요.

fait / pas / n' / ai / je / la / cuisine

나는 요리를 안 했어.
→ _____

LEÇON 28

도착하셨어요?
Vous êtes arrivé(e)(s) ?

음원 바로 듣기

오늘의 목표
- 이동 동사의 복합 과거 시제
- 복합 과거의 과거 분사 성·수 일치

오늘의 어휘

| 동안 | pendant
뻥덩 | 동료 | collègue (n.m.f.)
꼴레ㄱ |

복합 과거 조동사

복합 과거를 만들 때 사용하는 조동사는 avoir와 être 두 가지였어요. 대부분의 동사는 avoir 동사를 조동사로 사용하지만, 이동 동사와 대명 동사는 être 동사를 조동사로 사용해요. Leçon 28에서는 이동 동사로 복합 과거 시제를 만들어 볼 거예요.

이동 동사의 과거 분사

과거 분사 만드는 규칙은 동일해요. 3군 동사는 <u>불규칙</u>하게 바뀌어요.

	동사 원형	과거 분사
도착하다	arriver 아히v베	arrivé 아히v베
가다	aller 알레	allé 알레
오다	venir v브니ㅎ	venu v브뉘
떠나다, 출발하다	partir 빠띠ㅎ	parti 빠띠
나가다	sortir 쏙띠ㅎ	sorti 쏙띠

Leçon 28 도착하셨어요? Vous êtes arrivé(e)(s) ? **201**

복합 과거의 과거 분사 성·수 일치

▶ être 동사가 조동사일 때

과거 분사를 주어의 성·수에 일치시켜요.

그는 떠났다.　　　　　　　Il est parti.
　　　　　　　　　　　　　일레　빡띠

그녀는 떠났다.　　　　　　Elle est parti**e**.
　　　　　　　　　　　　　엘레　빡띠

그들은 떠났다.　　　　　　Ils sont parti**s**.
　　　　　　　　　　　　　일 쏭　빡띠

그녀들은 떠났다.　　　　　Elles sont parti**es**.
　　　　　　　　　　　　　엘 쏭　빡띠

▶ avoir 동사가 조동사일 때

성·수 일치를 하지 않아요. 아래 두 문장을 비교해 봅시다.

그녀는 떠났다.　　　　　　Elle est partie.
　　　　　　　　　　　　　엘레　빡띠

그녀는 TV를 봤다.　　　　Elle a regardé la télé.
　　　　　　　　　　　　　엘라 흐갸흐데 라 뗄레

복합 과거 완성!

être 동사 현재형과 과거 분사를 합쳐 주면 과거 표현을 할 수 있어요!

Je	suis
Tu	es
Il / Elle	est
Nous	sommes
Vous	êtes
Ils / Elles	sont

+ allé(e)(s)
　알레

나는 갔다.	**Je suis allé(e).**
	쥬 쒸z잘레

그는 갔다.	**Il est allé.**
	일레딸레

그녀들은 갔다.	**Elles sont allées.**
	엘 쏭딸레

우리는 갔다.	**Nous sommes allé(e)s.**
	누 쏨z잘레

Je	suis
Tu	es
Il / Elle	est
Nous	sommes
Vous	êtes
Ils / Elles	sont

+ **arrivé(e)(s)**
아히v베

나는 도착했다.	**Je suis arrivé(e).**
	쥬 쒸z자히v베

너 도착했니?	**Tu es arrivé(e) ?**
	뛰 에z자히v베

도착하셨어요?	**Vous êtes arrivé(e)(s) ?**
	v부 z젯따히v베

우리는 도착했어.	**Nous sommes arrivé(e)s.**
	누 쏨z자히v베

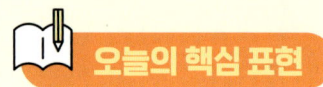 **오늘의 핵심 표현**

나는 파리에 갔다.	**Je suis allé(e) à Paris.** 쥬 쒸z잘레 아 빠히
그는 출근했어.	**Il est allé au travail.** 일레딸레 오 트하v바이
도착하셨어요?	**Vous êtes arrivé(e)(s) ?** v부 z제따히v베
아직 도착 안 하셨어요?	**Vous n'êtes pas arrivé(e)(s) encore ?** v부 넷 빠 아히v베 엉꼬ㅎ

✅ **ATTENTION !** pas와 arrivé(e)(s) 사이는 연음을 해도 되고 안 해도 됩니다.

그들은 일찍 왔어.	**Ils sont venus tôt.** 일 쏭 v브뉘 또
그녀들은 늦게 왔어.	**Elles sont venues tard.** 엘 쏭 v브뉘 따ㅎ
그는 어제 떠났어.	**Il est parti hier.** 일레 빡띠 이예ㅎ
그녀는 이틀 전에 떠났어.	**Elle est partie il y a deux jours.** 엘레 빡띠 일리야 되 쥬ㅎ
그는 오늘 아침에 나갔어.	**Il est sorti ce matin.** 일레 쏙띠 쓰 마땅
그녀는 오늘 오후에 나갔어.	**Elle est sortie cet après-midi.** 엘레 쏙띠 쎄따프헤 미디
나 동료들이랑 외출했어.	**Je suis sorti(e) avec mes collègues.** 쥬 쒸 쏙띠 아v벡 메 꼴레ㄱ
동료들이랑 외출하셨어요?	**Vous êtes sorti(e)(s) avec vos collègues ?** v부 z젯 쏙띠 아v벡 v보 꼴레ㄱ

너 방학 동안 어디 갔어?　　　　**Tu es allé(e) où pendant les vacances ?**
　　　　　　　　　　　　　　　뛰　에z잘레　　우　뼁덩　　레　v바껑쓰

나 프랑스 갔다 왔어.　　　　　**Je suis allé(e) en France.**
　　　　　　　　　　　　　　　쥬　쒸z잘레　　엉　f프헝쓰

그녀는 휴가 동안 어디 갔어?　**Elle est allée où pendant les vacances ?**
　　　　　　　　　　　　　　　엘레딸레　　　우　뼁덩　　레　v바껑쓰

그녀는 출근했어.　　　　　　　**Elle est allée au travail.**
　　　　　　　　　　　　　　　엘레딸레　　　　오　트하v바이

나는 일찍 왔어.　　　　　　　**Je suis venu(e) tôt.**
　　　　　　　　　　　　　　　쥬　쒸　v브뉘　또

그는 어제 왔어?　　　　　　　**Il est venu hier ?**
　　　　　　　　　　　　　　　일레　v브뉘　이예ㅎ

그녀는 내 집에 왔어.　　　　　**Elle est venue chez moi.**
　　　　　　　　　　　　　　　엘레　v브뉘　쉐　무아

그들은 카페에서 나갔어.　　　**Ils sont sortis du café.**
　　　　　　　　　　　　　　　일　쏭　쏙띠　뒤　꺄f페

✅ **ATTENTION !** Lv 1. 18과에서 전치사 de(~로부터)와 정관사는 축약한다고 배웠어요!

✅ **ATTENTION !** café는 '커피'뿐 아니라 우리가 아는 '카페'라는 뜻도 가지고 있어요.

네 형(오빠/남동생)과 같이 나갔구나.　**Tu es sorti(e) avec ton frère.**
　　　　　　　　　　　　　　　　　　　뛰　에　쏙띠　아v벡　똥　f프헤ㅎ

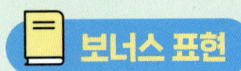 **보너스 표현**

 나 최근에 수영장 다녀왔어.

Je suis allée à la piscine récemment.
쥬 쒸z잘레   알라 삐씬ㄴ   헤싸멍

 나 최근에 파리 다녀왔어.

Je suis allé à Paris récemment.
쥬 쒸z잘레   아 빠히   헤싸멍

 **오늘의 회화 완성!**

 휴가 동안 어디 갔어?

Tu es allée où pendant les vacances ?
뛰 에z잘레 우 뻥덩   레 v바껑쓰

 나 출근했어.

Je suis allée au travail.
쥬 쒸z잘레   오 트하v바이

 오 이런, 너는 휴가가 필요해!

Oh là là, tu as besoin de vacances !
올랄라   뛰 아 브z주앙 드 v바껑쓰

 **잠깐 복습!**

1 다음 중 être 동사를 조동사로 사용하는 동사를 고르세요.

① 먹다: manger

② 가다: aller

③ 보다: voir

④ 마시다: boire

2 다음 동사들의 과거 분사 형태를 쓰세요.

1) arriver → _____ 2) aller → _____

3) venir → _____ 4) partir → _____

5) sortir → _____

3 빈칸에 알맞은 말을 넣어 문장을 완성하고, 발음해 보세요.

그녀는 파리에 갔어. → Elle est _____.

4 다음 문장을 프랑스어로 쓰고 읽어 보세요.

너 방학 동안 어디 갔어?

→ _____

LEÇON 29

몇 시에 잤어?
Tu t'es couché(e) à quelle heure ?

오늘의 목표

- 대명 동사의 복합 과거 시제

오늘의 어휘

(시간) 무렵, 쯤	vers v베ㅎ	빠르게	rapidement 하삐드멍
정오	midi (n.m.) 미디	자정	minuit (n.m.) 미뉘

복합 과거 조동사

복합 과거를 만들 때 사용하는 조동사 두 가지를 다시 한번 살펴볼까요? 대부분의 동사는 avoir 동사를 조동사로 사용하지만, 이동 동사와 대명 동사는 être 동사를 조동사로 사용한다고 했죠? Leçon 29에서는 대명 동사의 복합 과거 시제에 대해 배울 거예요.

대명 동사의 과거 분사

과거 분사 만드는 규칙은 동일해요. 아래 동사들은 모두 1군 동사이니 -er를 -é로만 바꿔 주면 돼요!

		동사 원형	과거 분사
씻다		laver 라v베	lavé 라v베
일어나다	se 쓰	lever 르v베	levé 르v베
자러 가다		coucher 꾸쉐	couché 꾸쉐

Leçon **29** 몇 시에 잤어? Tu t'es couché(e) à quelle heure ?

대명 동사의 복합 과거

재귀 대명사는 조동사 앞에 위치해요. 이것도 위치를 따로 외우기보다는 예시들을 많이 발음해 보면 자연스럽게 익숙해질 거예요.

나는 일어났다.　　　　　　**Je me suis levé.**
　　　　　　　　　　　　쥬　므　쒸　르v베

과거 분사 성·수 일치

être 동사를 조동사로 활용할 땐 과거 분사를 주어의 성·수에 일치시켜요.

그는 일어났다.　　　　　　**Il s'est levé.**
　　　　　　　　　　　　일 쎄　　르v베

그녀는 일어났다.　　　　　**Elle s'est levée.**
　　　　　　　　　　　　엘 쎄　　르v베

그들은 일어났다.　　　　　**Ils se sont levés.**
　　　　　　　　　　　　일 쓰 쏭　르v베

그녀들은 일어났다.　　　　**Elles se sont levées.**
　　　　　　　　　　　　엘 쓰 쏭　르v베

복합 과거 완성!

être 동사 현재형과 과거 분사를 합쳐 주면 과거 표현을 할 수 있어요.

Je	me suis
Tu	t'es
Il / Elle	s'est
Nous	nous sommes
Vous	vous êtes
Ils / Elles	se sont

\+ **levé(e)(s)**
　　르v베

| 나 일어났어. | **Je me suis levé(e).**
쥬 므 쒸 르v베 |
|---|---|
| 너 일어났어? | **Tu t'es levé(e) ?**
뛰 떼 르v베 |
| 우리는 일어났어. | **Nous nous sommes levé(e)s.**
누 누 쏨 르v베 |
| 그들은 일어났어. | **Ils se sont levés.**
일 쓰 쏭 르v베 |

Je	me suis
Tu	t'es
Il / Elle	s'est
Nous	nous sommes
Vous	vous êtes
Ils / Elles	se sont

\+ **couché(e)(s)** 꾸쉐

| 나는 누웠어. | **Je me suis couché(e).**
쥬 므 쒸 꾸쉐 |
|---|---|
| 그녀는 자러 갔어. | **Elle s'est couchée.**
엘 쎄 꾸쉐 |
| 누우셨군요. | **Vous vous êtes couché(e)(s).**
v부 v부z젯 꾸쉐 |
| 우리는 누웠어. | **Nous nous sommes couché(e)s.**
누 누 쏨 꾸쉐 |

오늘의 핵심 표현

나 7시쯤 일어났어.   **Je me suis levé(e) vers sept heures.**
쥬 므 쒸 르v베 v베ㅎ 쎄뙤ㅎ

나 늦게 일어났어.   **Je me suis levé(e) tard.**
쥬 므 쒸 르v베 따ㅎ

그는 오늘 일찍 일어났어.   **Il s'est levé tôt aujourd'hui.**
일 쎄 르v베 또 오쥬ㅎ뒤

그녀는 오늘 늦게 일어났어.   **Elle s'est levée tard aujourd'hui.**
엘 쎄 르v베 따ㅎ 오쥬ㅎ뒤

나 씻었어.   **Je me suis lavé(e).**
쥬 므 쒸 라v베

너 빠르게 씻었구나!   **Tu t'es lavé(e) rapidement !**
뛰 떼 라v베 하삐드멍

너희 몇 시에 씻었니?   **Vous vous êtes lavé(e)s à quelle heure ?**
v부 v부 젯 라v베 아 껠뢰ㅎ

우리는 정오에 씻었어요.   **Nous nous sommes lavé(e)s à midi.**
누 누 쏨 라v베 아 미디

너 몇 시에 잤어? (여자)   **Tu t'es couchée à quelle heure ?**
뛰 떼 꾸쉐 아 껠뢰ㅎ

나는 자정에 잤어. (여자)   **Je me suis couchée à minuit.**
쥬 므 쒸 꾸쉐 아 미뉘

그는 어제 일찍 잤어.   **Il s'est couché tôt hier.**
일 쎄 꾸쉐 또 이예ㅎ

그녀는 영화 보고 나서 잤어.   **Elle s'est couchée après le film.**
엘 쎄 꾸쉐 아프헤 르 f필므

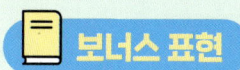 **보너스 표현**

 나 평소처럼 일어났어.
Je me suis levé comme d'habitude.
쥬 므 쉬 르v베 꼼 다비뛰드

 나 평소처럼 잤어.
Je me suis couchée comme d'habitude.
쥬 므 쉬 꾸쉐 꼼 다비뛰드

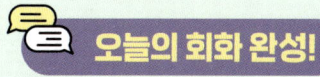 **오늘의 회화 완성!**

 피곤해.
Je suis fatiguée.
쥬 쉬 f파띠게

 몇 시에 잤어?
Tu t'es couchée à quelle heure ?
뛰 떼 꾸쉐 아 껠뢰ㅎ

 자정쯤 잤어.
Je me suis couchée vers minuit.
쥬 므 쉬 꾸쉐 v베ㅎ 미뉘

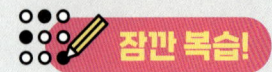 **잠깐 복습!**

1 다음 중 대명 동사의 복합 과거를 만들 때 필요한 조동사를 고르세요.

① avoir ② être
③ aller ④ faire

2 다음 대명 동사의 알맞은 뜻을 연결하세요.

1) se lever · · ① 잠자리에 들다

2) se laver · · ② 씻다

3) se coucher · · ③ 일어나다

3 빈칸에 알맞은 말을 넣어 문장을 완성하고, 발음해 보세요.

그녀는 늦게 일어났어. → Elle _____'_____ tard.

4 다음 문장의 틀린 부분 찾아 올바르게 고치세요.

> 너는 정오에 씻었구나. (남자) → Tu es lavé à midi. (X)

→ _____

5 다음 프랑스어를 올바르게 배열해 문장을 완성하세요.

> heure / couché(e) / vous / quelle / êtes / vous / à / ?

당신은 몇 시에 잤나요?
→ _____

6 다음 문장을 프랑스어로 쓰고 읽어 보세요.

1) 나는 7시 반쯤 일어났어.
   → _____

2) 나 어제 늦게 잤어.
   → _____

3) 그들은 어제 영화 보고 잤어.
   → _____

4) 그녀들은 몇 시에 씻었어?
   → _____

LEÇON 30

23~29강 복습
Révision

음원 바로 듣기

 오늘의 목표
- 23~29강 복습 퀴즈
- 일기 쓰기

 오늘의 어휘

마트	supermarché (n.m.) 쒸뻬ㅎ막쉐	사다, 구매하다	acheter 아슈떼

다음 한국어 뜻에 맞는 프랑스어 문장을 고르세요.

1 그는 노래하면서 요리를 한다.

   A. Il chante faisant la cuisine.

   B. Il fait la cuisine en chantons.

   C. Il fait la cuisine en chantant.

2 나는 7시에 씻는다.

   A. Je lave à sept heures.

   B. Je me lave à sept heures.

   C. Je lave moi à sept heures.

3 너 안 씻어?

   A. Tu ne te laves pas ?

   B. Tu te ne laves pas ?

   C. Tu ne laves pas ?

4 우리 언제 볼까?

   A. On se voit quand ?

   B. On nous voit quand ?

   C. Ils se voient souvent ?

5 우리 시험 붙었어!

   A. Nous réussissons l'examen !

   B. Nous avons réussi l'examen !

   C. Nous avons réussis l'examen !

6 나 지난주에 이거 봤어.

   A. Je n'ai pas vu ça.

   B. J'ai vu ça samedi dernier.

   C. J'ai vu ça la semaine dernière.

7 그녀는 거기에 도착했다.

   A. Elle y a arrivé.

   B. Elle est y arrivée.

   C. Elle y est arrivée.

8 나 늦게 일어났어.

   A. Je suis levé tard.

   B. Je me suis levé tard.

   C. Je me suis couché tard.

Leçon 30 23~29강 복습 Révision

9 너희 빠르게 씻었구나!

   A. Vous avez lavé rapidement !

   B. Vous vous lavé rapidement !

   C. Vous vous êtes lavés rapidement !

10 그녀는 저녁 먹고 나서 잤어.

   A. Elle a couché après le dîner.

   B. Elle s'est couchée après le dîner.

   C. Elle s'est couchée après la série.

▶ 오늘의 일기

오늘은 일요일이다.
Aujourd'hui, c'est dimanche.
오쥬ㅎ뒤   쎄   디멍슈

평소처럼 11시에 일어났다.
Je me suis levée à onze heures comme d'habitude.
쥬 므 쒸 르v베 아 옹z죄ㅎ   꼼   다비뛰드

커피 한잔을 마시고 마트에 갔다.
J'ai pris un café et je suis allée au supermarché.
줴 프히 앙 꺄f페 에 쥬 쒸z잘레   오 쒸뻬ㅎ막쉐

빵을 좀 샀다.
J'ai acheté du pain.
줴   아슈떼   뒤 빵

그리고 TV를 보면서 파스타를 먹었다.
Et j'ai mangé des pâtes en regardant la télé.
에 줴 멍줴   데   빠뜨 엉 흐갸흐덩   라 뗄레

일찍 자야겠다.
Je vais me coucher tôt.
쥬 v베 므 꾸쉐   또

LEÇON 31

음원 바로 듣기

테니스 치는 사람은 나야.
C'est moi qui fais du tennis.

오늘의 목표

- 관계 대명사
- 주격 관계 대명사 qui

오늘의 어휘

| 소리, 소음 | bruit (n.m.)
브휘 | 나이가 든 | âgé
아줴 |

관계 대명사

두 개의 문장을 하나로 연결해 주는 역할을 하는 것이 관계 대명사예요.

주격 관계 대명사 qui

관계 대명사 qui는 중복되는 요소를 대신하면서 <u>주어 역할</u>을 해요.

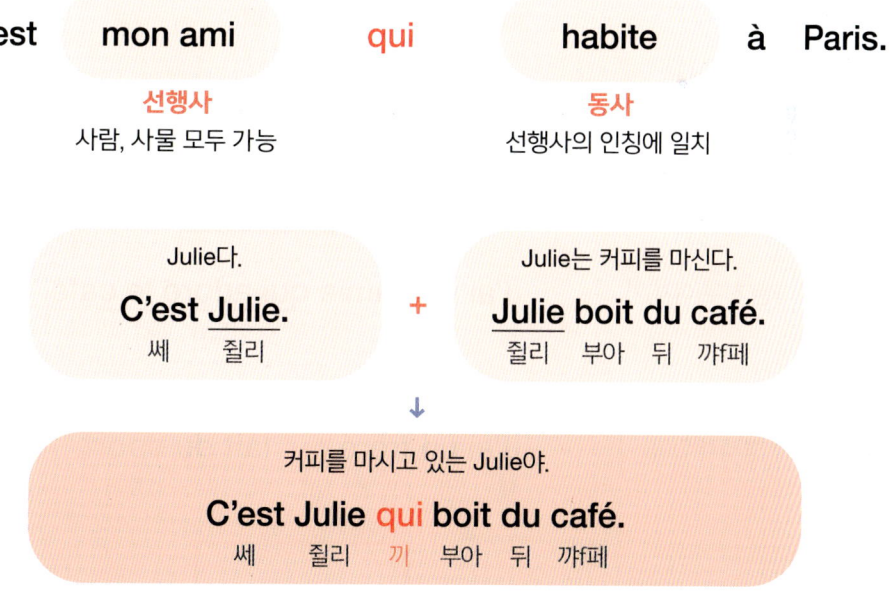

파리에 살고 있는 내 친구야.	C'est mon ami qui habite à Paris. 쎄 모나미 끼 아비뜨 아 빠히
커피를 마시고 있는 Julie야.	C'est Julie qui boit du café. 쎄 쥘리 끼 부아 뒤 꺄f페
요리하는 건 나야.	C'est moi qui fais la cuisine. 쎄 무아 끼 f페 라 뀌z진느
저녁 준비하는 건 우리 아빠야.	C'est mon père qui prépare le dîner. 쎄 몽 뻬ㅎ 끼 프헤빠ㅎ 르 디네
치즈를 좋아하는 건 내 친구야.	C'est mon ami qui aime le fromage. 쎄 모나미 끼 엠 르 f프호마쥬
와인을 마시는 건 당신이에요?	C'est vous qui buvez du vin ? 쎄 v부 끼 뷔v베 뒤 v방
버스를 타는 건 그야.	C'est lui qui prend le bus. 쎄 뤼 끼 프헝 르 뷔스
커피를 정말 좋아하는 친구(여자)가 있어.	J'ai une amie qui adore le café. 줴 위나미 끼 아도ㅎ 르 꺄f페
나는 운동하는 남자 형제가 있어.	J'ai un frère qui fait du sport. 줴 앙 f프헤ㅎ 끼 f페 뒤 스뽀ㅎ
케이크를 먹고 싶어 하는 친구가 있어.	J'ai un ami qui veut un gâteau. 줴 아나미 끼 v뵈 앙 갸또

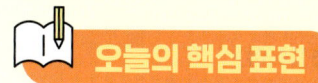

오늘의 핵심 표현

나야.
C'est moi.
쎄 무아

+

나는 테니스를 쳐.
Je fais du tennis.
쥬 f페 뒤 떼니쓰

↓

테니스를 치는 사람은 나야.
C'est moi qui fais du tennis.
쎄 무아 끼 f페 뒤 떼니쓰

✓ ATTENTION ! C'est 다음에 인칭 대명사가 오면 강세형으로 써요! Leçon 12에서 배운 강세형 인칭 대명사를 참고하세요.

당신이에요?
C'est vous ?
쎄 v부

+

케이크를 만드세요?
Vous faites du gâteau ?
v부 f페뜨 뒤 갸또

↓

케이크를 만드는 분이 당신이에요?
C'est vous qui faites du gâteau ?
쎄 v부 끼 f페뜨 뒤 갸또

나는 자동차가 하나 있어.
J'ai une voiture.
줴 윈 v부아뛰ㅎ

+

그 자동차는 소리가 나.
La voiture fait du bruit.
라 v부아뛰ㅎ f페 뒤 브휘

↓

나는 소리가 나는 자동차가 하나 있어.
J'ai une voiture qui fait du bruit.
줴 윈 v부아뛰ㅎ 끼 f페 뒤 브휘

나는 여자 형제가 한 명 있어.		그녀는 36살이야.
J'ai une sœur.	**+**	**Elle a trente-six ans.**
줴 윈 쐬ㅎ		엘라 트헝 씨z정

↓

나는 36살인 여자 형제가 한 명 있어.
J'ai une sœur qui a trente-six ans.
줴 윈 쐬ㅎ 끼 아 트헝 씨z정

나는 남자 형제가 하나 있어.		그는 나보다 나이가 많아.
J'ai un frère.	**+**	**Il est plus âgé que moi.**
줴 앙 f프헤ㅎ		일레 쁠뤼z자줴 끄 무아

↓

나는 나보다 나이가 많은 남자 형제가 하나 있어. (나는 형/오빠가 있어.)
J'ai un frère qui est plus âgé que moi.
줴 앙 f프헤ㅎ 끼 에 쁠뤼z자줴 끄 무아

그 사람이야.		그는 떠나고 싶어 해.
C'est lui.	**+**	**Il veut partir.**
쎄 뤼		일 v뵈 빠띠ㅎ

↓

떠나고 싶어 하는 사람은 그야.
C'est lui qui veut partir.
쎄 뤼 끼 v뵈 빠띠ㅎ

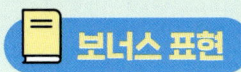 **보너스 표현**

 이거 내가 한 거야.

C'est moi qui ai fait ça.
쎄 무아 끼 에 f페 싸

 이거 네가 한 거야?

C'est toi qui as fait ça ?
쎄 뚜아 끼 아 f페 싸

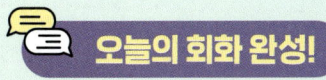 **오늘의 회화 완성!**

 이 사진 봤어?

Tu as vu cette photo ?
뛰 아 v뷔 쎗 f포또

 아니, 이거 누구야?

Non, c'est qui ?
농 쎄 끼

 테니스 치는 사람 나야!

C'est moi qui fais du tennis !
쎄 무아 끼 f페 뒤 떼니쓰

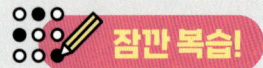

1 주격 관계 대명사를 고르세요.

① que ② dont
③ quel ④ qui

2 빈칸에 들어갈 알맞은 말을 고르세요.

C'est vous qui _____ le gâteau ?

① fais ② fait
③ faisons ④ faites

3 다음 문장을 프랑스어로 쓰고 읽어 보세요.

나는 나보다 나이가 많은 형이 있어.

→ _____

4 다음 문장의 틀린 부분을 올바르게 고치세요.

> C'est moi qui faisent du tennis. (X)

→ _____

5 다음 프랑스어를 올바르게 배열해 문장을 완성하세요.

> Paris / habite / c'est / ami / qui / mon / à

파리에 살고 있는 내 친구야.

→ _____

6 다음 문장을 프랑스어로 쓰고 읽어 보세요.

1) 나는 23살인 여자 형제가 한 명 있어.

   → _____

2) 피아노 치는 사람 너야?

   → _____

LEÇON 32

내가 정말 좋아하는 영화야.
C'est le film que j'aime beaucoup.

오늘의 목표

- 목적격 관계 대명사 que

오늘의 어휘

| 티셔츠 | T-shirt (n.m.) 띠셔흐뜨 | 트램, 전차 | tram (n.m.) 트함 |

 오늘의 핵심 내용

목적격 관계 대명사 que

관계 대명사 que는 중복되는 요소를 대신하면서 목적어 역할을 해요. 앞 문장에 있던 명사가 뒤 문장에서 '목적어'로 다시 등장할 때, 그 두 문장을 자연스럽게 이어 주는 다리 역할을 하는 거죠.

이게 그 영화야.
C'est le film.
쎄 르 f필ㅁ

+

나는 이 영화를 좋아해.
J'aime ce film.
젬 쓰 f필ㅁ

↓

이게 내가 좋아하는 영화야.
C'est le film que j'aime.
쎄 르 f필ㅁ 끄 젬

C'est **le film** que **j'aime.**

선행사
사람, 사물 모두 가능

주어 + 동사

너 그 원피스 입고 있네.
Tu portes la robe.
뛰 뽁ㄸ 라 홉

+

나는 그 원피스를 좋아해.
J'aime cette robe.
젬 쎗ㄸ 홉

↓

너 내가 좋아하는 원피스 입고 있네.
Tu portes la robe que j'aime.
뛰 뽁ㄸ 라 홉 끄 젬

관계 대명사 que 이하가 마치 형용사처럼 선행사를 꾸며 준다고 생각하면 조금 더 쉽겠죠?

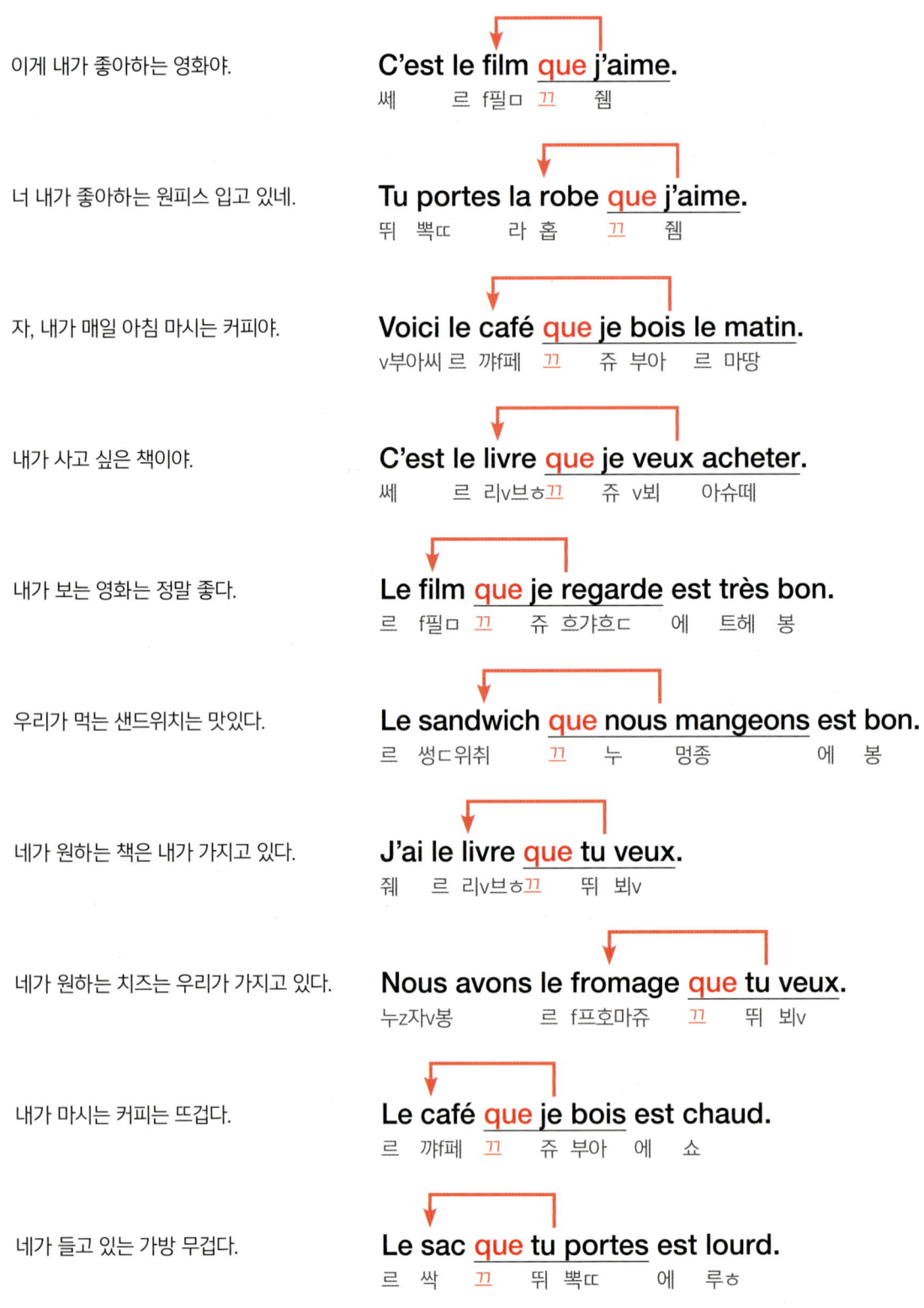

 **오늘의 핵심 표현**

자, 여기 케이크가 있어.
Voici le gâteau.
v부아씨 르   갸또

\+

내가 이 케이크를 만들었어.
J'ai fait ce gâteau.
줴 f페 쓰   갸또

↓

자, 여기 내가 만든 케이크가 있어.
Voici le gâteau que j'ai fait.
v부아씨 르   갸또   끄   줴 f페

그녀는 그 가방을 가지고 있어.
Elle a le sac.
엘라 르 싹

\+

너는 이 가방을 원하는구나.
Tu veux ce sac.
뛰 v뵈 쓰 싹

↓

그녀는 네가 원하는 가방을 가지고 있어.
Elle a le sac que tu veux.
엘라 르 싹   끄 뛰 v뵈

그는 커피를 좋아해.
Il aime le café.
일렘 르 꺄f페

\+

그녀는 커피를 만든다.
Elle fait du café.
엘 f페 뒤 꺄f페

↓

그는 그녀가 만드는 커피를 좋아해.
Il aime le café qu'elle fait.
일렘   르   꺄f페   껠   f페

✓ ATTENTION ! que와 il, elle, ils, elles이 만나면 축약해요.

Leçon **32** 내가 정말 좋아하는 영화야. C'est le film que j'aime beaucoup.

그 티셔츠 예쁘다.
Le T-shirt est joli.
르 띠 셔ㅎㄸ 에 죨리

\+

너는 티셔츠를 입고 있네.
Tu portes le T-shirt.
뛰 뽁ㄸ 르 띠 셔ㅎㄸ

↓

네가 입고 있는 티셔츠 예쁘다.
Le T-shirt que tu portes est joli.
르 띠 셔ㅎㄸ 끄 뛰 뽁ㄸ 에 죨리

나는 트램을 탄다.
Je prends le tram.
쥬 프헝 르 트함

\+

그 트램은 도착할 거야.
Le tram va arriver.
르 트함 v바 아히v베

↓

내가 타는 트램은 도착할 거야.
Le tram que je prends va arriver.
르 트함 끄 쥬 프헝 v바 아히v베

너는 이 가방을 골랐구나.
Tu as pris le sac.
뛰 아 프히 르 싹

\+

그 가방 멋지다.
Le sac est beau.
르 싹 에 보

↓

너가 고른 가방 멋지다.
Le sac que tu as pris est beau.
르 싹 끄 뛰 아 프히 에 보

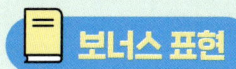 **보너스 표현**

 내가 만든 수프 먹을래?

Tu veux la soupe que j'ai faite ?
뛰 v뵈   라 쑵쁘   끄   쥐 f페뜨

 내가 만든 타르트 먹을래?

Tu veux la tarte que j'ai faite ?
뛰 v뵈   라 따흐뜨 끄   쥐 f페뜨

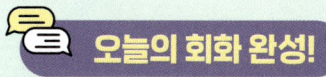 **오늘의 회화 완성!**

 우리 오늘 저녁에 뭐 볼까?

On regarde quoi ce soir ?
옹   흐갸흐드   꾸아 쓰 쑤아ㅎ

 이 영화! 내가 정말 좋아하는 영화야.

Ce film ! C'est le film que j'aime beaucoup.
쓰 f필ㅁ   쎄   르 f필ㅁ 끄 쥅   보꾸

 그거 네가 제일 좋아하는 거지?

C'est ton préféré, non ?
쎄   똥   프헤f페헤   농

 잠깐 복습!

1 목적격 관계 대명사를 고르세요.

① que
② dont
③ quel
④ qui

2 빈칸에 들어갈 알맞은 말을 고르세요.

> 네가 입고 있는 티셔츠 예쁘다.
> → Le T-shirt _____ tu portes _____ joli.

① que, sont
② que, est
③ qui, sommes
④ que, suis

3 다음 문장을 프랑스어로 쓰고 읽어 보세요.

이거 내가 좋아하는 책이야.
→ _____

4 다음 문장의 틀린 부분을 올바르게 고치세요.

> Il aime le café que elle fait. (X)

→ _____

5 다음 프랑스어를 올바르게 배열해 문장을 완성하세요.

> a / veux / elle / tu / le / que / sac

그녀는 네가 원하는 가방을 가지고 있어.
→ _____

6 다음 문장을 프랑스어로 쓰고 읽어 보세요.

1) 이거 내가 좋아하는 케이크야.
   → _____

2) 그가 입고 있는 바지 예쁘다.
   → _____

LEÇON 33

이번 여름에 파리에 갈 거야.
J'irai à Paris cet été.

음원 바로 듣기

 오늘의 목표

- 단순 미래 시제

 오늘의 어휘

| 해변 | plage (n.f.)
쁠라쥬 | 크리스마스 | Noël (n.m.)
노엘 |

단순 미래

단순 미래 시제는 미래 사실을 표현해요. 기본적인 미래 표현인 '~할 것이다'의 의미로 사용할 수 있어요. 단순 미래 시제의 동사 변화는 비교적 단순한 편으로 동사 원형에 단순 미래 어미만 붙이면 돼요.

동사 원형 + 단순 미래 어미

먹다: manger

Je	**manger**ai 멍쥬헤	Nous	**manger**ons 멍쥬홍
Tu	**manger**as 멍쥬하	Vous	**manger**ez 멍쥬헤
Il / Elle	**manger**a 멍쥬하	Ils / Elles	**manger**ont 멍쥬홍

끝내다: finir

Je	**finir**ai f피니헤	Nous	**finir**ons f피니홍
Tu	**finir**as f피니하	Vous	**finir**ez f피니헤
Il / Elle	**finir**a f피니하	Ils / Elles	**finir**ont f피니홍

나는 오믈렛을 먹을 거야.   **Je mangerai de l'omelette.**
　　　　　　　　　　　　쥬　멍쥬헤　　　드　로믈렛뜨

나는 일을 끝낼 거야.　　　**Je finirai mon travail.**
　　　　　　　　　　　　쥬　f피니헤　몽　트하v바이

Leçon **33** 이번 여름에 파리에 갈 거야. J'irai à Paris cet été.

-re로 끝나는 동사의 단순 미래 시제

e를 떼고 그대로 단순 미래 어미만 붙이면 돼요.

(행동을) 취하다: prendre			
Je	**prendrai** 프헝드헤	Nous	**prendrons** 프헝드홍
Tu	**prendras** 프헝드하	Vous	**prendrez** 프헝드헤
Il / Elle	**prendra** 프헝드하	Ils / Elles	**prendront** 프헝드홍

나는 버스를 탈 거야.　　　**Je prendrai le bus.**
　　　　　　　　　　　　쥬　프헝드헤　　르 뷔스

불규칙 어간을 갖는 동사의 단순 미래 시제

어미는 항상 고정! 새로운 모양의 어간을 갖는 동사들이 있어요.

동사	단순 미래 어간	동사	단순 미래 어간
être	ser-	vouloir	voudr-
avoir	aur-	pouvoir	pourr-
aller	ir-	devoir	devr-

나는 슬플 거야.　　　**Je serai triste.**
　　　　　　　　　　쥬　쓰헤　　트히스뜨

나는 파리에 갈 거야.　**J'irai à Paris.**
　　　　　　　　　　쥬헤　　아 빠히

나는 일찍 끝내고 싶을 거야.	**Je voudrai finir tôt.** 쥬 v부드헤 f피니ㅎ 또
나는 오늘 저녁에 올 수 있을 거야.	**Je pourrai venir ce soir.** 쥬 뿌헤 v브니ㅎ 쓰 쑤와ㅎ
나는 일찍 떠나야 할 거야.	**Je devrai partir tôt.** 쥬 드v브헤 빡띠ㅎ 또

être: ser-	
Je serai 쥬 쓰헤	Nous serons 누 쓰홍
Tu seras 뛰 쓰하	Vous serez v부 쓰헤
Il / Elle sera 일 엘 쓰하	Ils / Elles seront 일 엘 쓰홍

avoir: aur-	
J'aurai 죠헤	Nous aurons 누z조홍
Tu auras 뛰 오하	Vous aurez v부z조헤
Il / Elle aura 일로하 / 엘로하	Ils / Elles auront 일z조홍 / 엘z조홍

aller: ir-	
J'irai 쥐헤	Nous irons 누z지홍
Tu iras 뛰 이하	Vous irez v부z지헤
Il / Elle ira 일리하 / 엘리하	Ils / Elles iront 일z지홍 / 엘z지홍

Leçon 33 이번 여름에 파리에 갈 거야. *J'irai à Paris cet été.*

오늘의 핵심 표현

나는 피자를 좀 먹을 거야.	**Je mangerai de la pizza.** 쥬 멍쥬헤 들라 삐짜
나 숙제 끝낼 거야.	**Je finirai mes devoirs.** 쥬 f피니헤 메 드v부아ㅎ
그는 버스를 탈 거야.	**Il prendra le bus.** 일 프헝드하 르 뷔스
지하철 타실 거예요?	**Vous prendrez le métro ?** v부 프헝드헤 르 메트호
우리가 여기 있을게.	**Nous serons ici.** 누 쓰홍 이씨
그는 내일 집에 있을 거야.	**Il sera à la maison demain.** 일 쓰하 알라 메z종 드망
나는 이번 여름에 파리에 갈 거야.	**J'irai à Paris cet été.** 쥐헤 아 빠히 쎄떼떼
그녀는 이번 겨울에 이탈리아에 갈 거야.	**Elle ira en Italie cet hiver.** 엘리하 어니딸리 쎄띠v베ㅎ
우리는 크리스마스를 맞아 부모님 댁에 갈 거야.	**Nous irons chez nos parents pour Noël.** 누z지홍 쉐 노 빠헝 뿌ㅎ 노엘
그들은 다음 주 토요일에 바닷가에 갈 거야.	**Ils iront à la plage samedi prochain.** 일z지홍 알라 쁠라쥬 쌈디 프호샹
너는 내일 일이 많을 거야.	**Tu auras beaucoup de travail demain.** 뛰 오하 보꾸 드 트하v바이 드망
여러분은 내일 시험이 있을 거예요.	**Vous aurez un examen demain.** v부z조헤 아네그z자망 드망

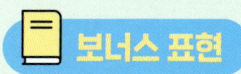 **보너스 표현**

 시간이 있을 때, 파리에 갈 거예요.

Quand j'aurai du temps, j'irai à Paris.
껑   죠헤   뒤 떵   쥐헤 아 빠히

 시간이 있을 때, 끝낼 거예요.

Quand j'aurai du temps, je finirai.
껑   죠헤   뒤 떵   쥬 f피니헤

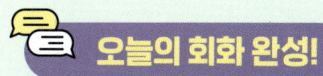 **오늘의 회화 완성!**

 나 이번 여름에 파리에 갈 거야.

J'irai à Paris cet été.
쥐헤 아 빠히 쎄떼떼

 나는 여기 남아 있겠네…

Et moi, je resterai ici…
에 무아 쥬 헤스뜨헤 이씨

 내가 너한테 사진들 보내 줄게!

Je t'enverrai des photos !
쥬 떵v베헤   데 f포또

1 다음 동사들의 단순 미래를 주어 인칭 대명사와 함께 쓰세요.

1)

être 단순 미래	

2)

avoir 단순 미래	

2 다음 프랑스어 문장의 알맞은 뜻을 연결하세요.

1) Vous aurez un examen demain. · · ① 그는 버스를 탈 거야.

2) Tu auras beaucoup de travail demain. · · ② 여러분은 내일 시험이 있을 거예요.

3) Il prendra le bus. · · ③ 너는 내일 일이 많을 거야.

3 다음 문장을 프랑스어로 쓰고 읽어 보세요.

우리는 여기에 있을 거야.

→ _____

4 다음 문장의 틀린 부분을 찾아 올바르게 고치세요.

> 나는 파리에 갈 거야. → Je serai aller à Paris. (X)

→ _____

5 다음 프랑스어를 올바르게 배열해 문장을 완성하세요.

> mangerai / de / je / pizza / la

나는 피자를 좀 먹을 거야.
→ _____

6 다음 문장을 프랑스어로 쓰고 읽어 보세요.

1) 너 지하철 탈 거야?

   → _____

2) 나는 내일 집에 있을 거야.

   → _____

LEÇON 34

바지 입어 봐도 될까요?
Je pourrais essayer ce pantalon ?

음원 바로 듣기

오늘의 목표

- 조건법: 부탁하기
- 조건법 활용

오늘의 어휘

언젠가	un jour 앙 쥬ㅎ	표, 티켓	billet (n.m.) 비예
예약하다	réserver 헤z제흐v베	반복하다	répéter 헤뻬떼

오늘의 핵심 내용

조건법

부탁/공손한 표현이나 가정/추측을 할 때 쓰는 용법이에요. 단순 미래 시제의 어간에 조건법 어미를 붙여 조건법을 완성할 수 있어요. Leçon 34에서는 부탁/공손한 표현을 위주로 배워 볼게요.

단순 미래 시제의 어간 + 조건법 어미

좋아하다: aimer			
단순 미래 어간: aimer-			
J'	aimerais 에므헤	Nous	aimerions 에므히옹
Tu	aimerais 에므헤	Vous	aimeriez 에므히에
Il / Elle	aimerait 에므헤	Ils / Elles	aimeraient 에므헤

✓ ATTENTION ! 모음으로 시작하는 동사는 마찬가지로 주어와 연음해요.

원하다: vouloir			
단순 미래 어간: voudr-			
Je	voudrais v부드헤	Nous	voudrions v부드히옹
Tu	voudrais v부드헤	Vous	voudriez v부드히에
Il / Elle	voudrait v부드헤	Ils / Elles	voudraient v부드헤

Leçon 34 바지 입어 봐도 될까요? Je pourrais essayer ce pantalon ?

할 수 있다: pouvoir
단순 미래 어간: pourr-

Je	**pourrais** 뿌헤	Nous	**pourrions** 뿌히옹
Tu	**pourrais** 뿌헤	Vous	**pourriez** 뿌히에
Il / Elle	**pourrait** 뿌헤	Ils / Elles	**pourraient** 뿌헤

해야 한다: devoir
단순 미래 어간: devr-

Je	**devrais** 드v브헤	Nous	**devrions** 드v브히옹
Tu	**devrais** 드v브헤	Vous	**devriez** 드v브히에
Il / Elle	**devrait** 드v브헤	Ils / Elles	**devraient** 드v브헤

커피 한잔하고 싶어요.　　　**J'aimerais** prendre un café.
　　　　　　　　　　　　　쉐므헤　　프헝드ㅎ　앙　꺄f페

바게트 하나 부탁합니다.　　Je **voudrais** une baguette.
　　　　　　　　　　　　　쥬　v부드헤　　윈　바게ㄸ

내일 올 수 있을 거예요.　　Je **pourrais** venir demain.
　　　　　　　　　　　　　쥬　뿌헤　　　v브니ㅎ 드망

어디로 가야 할까요?　　　 Je **devrais** aller où ?
　　　　　　　　　　　　　쥬　드v브헤　알레　우

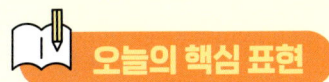 **오늘의 핵심 표현**

| 디저트 먹고 싶어요. | **J'aimerais prendre un dessert.** |
| | 쥐므헤 프헝드흐 앙 데쎄ㅎ |

언젠가 파리에 가고 싶어요. **J'aimerais aller à Paris un jour.**
쥐므헤 알레 아 빠히 앙 쥬ㅎ

커피 한 잔 부탁합니다. **Je voudrais un café, s'il vous plaît.**
쥬 v부드헤 앙 꺄f페, 씰 v부 쁠레

표 두 장 부탁합니다. **Je voudrais deux billets, s'il vous plaît.**
쥬 v부드헤 되 비예, 씰 v부 쁠레

이걸 고르고 싶어요. **Je voudrais choisir cela.**
쥬 v부드헤 슈아z지ㅎ 쓸라

테이블 하나를 예약하고 싶습니다. **Je voudrais réserver une table.**
쥬 v부드헤 헤z제흐v베 윈 따블르

더 일찍 와야 할까요? **Je devrais venir plus tôt ?**
쥬 드v브헤 v브니ㅎ 쁠뤼 또

이 식당을 시도해 보셔야 해요. **Vous devriez essayer ce restaurant.**
v부 드v브히에 에쎄이예 쓰 헤스또헝

이 바지 입어 봐도 될까요? **Je pourrais essayer ce pantalon ?**
쥬 뿌헤 에쎄이예 쓰 뻥딸롱

사진 하나 찍어도 될까요? **Je pourrais prendre une photo ?**
쥬 뿌헤 프헝드흐 윈 f포또

다시 말씀해 주시겠어요? **Pourriez-vous répéter, s'il vous plaît ?**
뿌히에 v부 헤뻬떼 씰 v부 쁠레

문을 좀 닫아 주시겠어요? **Pourriez-vous fermer la porte ?**
뿌히에 v부 f페흐메 라 뽀ㄸ

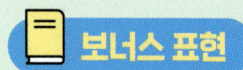 **보너스 표현**

재미있을 것 같아요.
Ce serait intéressant.
쓰 쓰헤 앙떼헤썽

괜찮을(좋을) 것 같아요.
Ce serait sympa.
쓰 쓰헤 쌍빠

 오늘의 회화 완성!

이 바지 입어 봐도 될까요?
Je pourrais essayer ce pantalon ?
쥬 뿌헤 에쎄이예 쓰 빵딸롱

그럼요! 피팅룸은 저기에 있어요.
Bien sûr, la cabine est là-bas.
비앙 쒸ㅎ 라 꺄빈 에 라 바

감사합니다.
Merci.
멕씨

1 다음 동사들의 조건법 형태를 주어 인칭 대명사와 함께 쓰세요.

1)
aimer 조건법	

2)
pouvoir 조건법	

2 다음 빈칸에 알맞은 말을 넣어 vouloir 동사의 조건법 문장을 완성하세요.

커피 한 잔 부탁합니다. → Je _____ un café, s'il vous plaît.

3 다음 프랑스어를 올바르게 배열해 문장을 완성하세요.

essayer / pourrais / je / ce / pantalon / ?

바지 입어 봐도 될까요?
→ _____

Leçon 34 바지 입어 봐도 될까요? *Je pourrais essayer ce pantalon ?*   249

LEÇON 35

31~34강 복습
Révision

음원 바로 듣기

 오늘의 목표

- 31~34강 복습 퀴즈
- 가족 여행 계획

 오늘의 어휘

가족	famille (n.f.) f파미으	방문하다	visiter v비z지떼

다음 한국어 뜻에 맞는 프랑스어 문장을 고르세요. (복수 정답 가능)

1 나보다 나이가 많은 남자 형제가 하나 있어.
(나는 형/오빠가 있어.)

A. J'ai un frère qui est plus âgé que moi.

B. J'ai un grand frère.

C. J'ai un petit frère.

2 테니스를 치는 사람은 나야.

A. C'est toi qui fais du tennis.

B. C'est moi qui fait du tennis.

C. C'est moi qui fais du tennis.

3 그녀는 네가 원하는 가방을 가지고 있어.

A. Elle a le pull que tu veux.

B. Elle a le sac que tu veux.

C. Elle a le sac que je veux.

4 내가 타는 트램은 도착할 거야.

A. Le tram que je prends va arriver.

B. Le bus que je prends va arriver.

C. Vous prendrez le métro ?

5 나 숙제 끝낼 거야.

A. Il finira mes devoirs.

B. Je commencerai mes devoirs.

C. Je finirai mes devoirs.

6 우리가 여기 있을게.

A. Je suis ici.

B. Nous sommes ici.

C. Nous serons ici.

7 그들은 다음 주 토요일에 바닷가에 갈 거야.

A. Ils iront à la plage samedi prochain.

B. Ils irons à la plage samedi prochain.

C. Ils iront à la plage la semaine prochaine.

8 테이블 하나를 예약하고 싶습니다.

A. Je voudrais réserver une table.

B. Je voudrais deux billets, s'il vous plaît.

C. Je voudrais un café, s'il vous plaît.

9 이 식당을 시도해 보셔야 해요.

   A. Vous devriez essayer ce café.

   B. Vous devriez essayer ce restaurant.

   C. Vous devriez lire ce livre.

10 언젠가 파리에 가고 싶어요.

   A. J'aimerais apprendre le français.

   B. J'aimerais prendre un dessert.

   C. J'aimerais aller à Paris un jour.

답: 1 A, B | 2 C | 3 B | 4 A | 5 C | 6 C | 7 A | 8 A | 9 B | 10 C

▶ 가족 여행 계획

나는 이번 여름에 내 가족이랑 파리에 갈 것이다.
J'irai à Paris cet été avec ma famille.
쥬헤   아 빠히   쎄떼떼   아v벡   마   f파미으

나는 다음 달에 호텔을 예약할 것이다.
Je réserverai un hôtel le mois prochain.
쥬   헤z제흐v브헤   아노뗄   르 무아   프호샹

좋은 레스토랑을 예약할 사람은 바로 내 형이다.
C'est mon frère qui réservera un bon restaurant.
쎄   몽   f프헤ㅎ 끼   헤z제흐v브하   앙   봉   헤스또헝

그리고 우리는 시장, 에펠탑, 루브르를 방문할 것이다.
Et on visitera le marché, la Tour Eiffel et le Louvre.
에 옹   v비z지뜨하 르 막쉐   라 뚜ㅎ   에f펠   에 르 루v브흐

나는 파리에서 프랑스어를 말해 보고 싶다.
J'aimerais parler français à Paris.
쮀므헤   빠흘레   f프헝쎄   아 빠히

정말 좋을 것 같다.
Ce serait vraiment sympa.
쓰   쓰헤   v브헤멍   쌍빠

 잠깐 복습! 정답

LEÇON 01

1. 1) mon mari
   2) ma femme
   3) mon copain
   4) ma copine

2. ②

3. ③

4. C'est ma femme.

5. C'est ta copine ?

6. ③

LEÇON 02

1. ④

2. ①

3. Ce coussin est doux.

4. Les fenêtres sont propres.

LEÇON 03

1. ②

2. Tu es libre à dix-neuf heures ?

3. (예시 답안) Il est trois heures et demie.

LEÇON 04

1. 1) au dos
   2) aux dents

2. Où / as

3. ③

4. Nous avons mal aux jambes.

LEÇON 06

1. ①

2. Quel est ton prénom ? / C'est quoi, ton prénom ?

3. (예시 답안) Je suis coréen(ne).

4. vingt et un / soixante-dix-huit / quatre-vingt-dix-neuf / trente

LEÇON 07

1. ②

2. ②

3. 1) Il fait quoi le week-end ?
   2) Ils font le ménage le week-end.

4. Vous faites du pain le week-end.

LEÇON 08

1. ②

2. Je vais faire ma valise lundi prochain.

3. Elle fait son lit tous les jours.

4. Ils font une pause tous les mercredis.

LEÇON 09

1 1) Il fait du tennis.
   2) Nous faisons de la musique.

2 ④

3 1) Je fais de la nataion trois fois par semaine.
   2) Je fais du pilates cinq fois par semaine.

LEÇON 10

1 ②

2 ②

3 Il fait trop froid depuis trois jours.

4 Il fait trop chaud cet été.

5 Il fait beau au printemps.

6 ③

7 Quel temps fait-il ?

8 Il neige depuis hier.

LEÇON 12

1 ①

2 Ce cadeau, c'est pour toi.

3 sans

4 Tu veux faire un gâteau avec moi ?

LEÇON 13

1 1) Il est plus grand que moi.
   2) Ce studio est plus petit que mon appartement.

2 1) meilleur
   2) meilleure

3 ②

4 1) plus rapide que
   2) aussi grand que

LEÇON 14

1 ②

2 ②

3 C'est le meilleur film de ma vie.

4 C'est le meilleur film de ta vie ?

LEÇON 15

1 ①

2 Tu me vois ?

3 nous

4 la vois

LEÇON 16

1 ③

2 Je te donne un cadeau.

3 ④

잠깐 복습! 정답

4 ①

5 ②

6 Tu lui donnes quoi ?

7 1) Elle leur donne un cadeau.
   2) Tu peux me donner un conseil ?

LEÇON 17

1 ③

2 J'envoie un message.

3 leur envoyer

4 ①

5 ②

6 Vous lui envoyez un message ?

LEÇON 18

1 ②

2 Je laisse une note.

3 laisser votre sac

4 ②

5 ②

6 Tu laisses ton portefeuille ici.

LEÇON 19

1 ③

2 ②

3 Je n'y vais pas.

4 ②

5 1) j'y vais
   2) il n'y va pas
   3) elles n'y vont pas
   4) il y est

6 1) Je dois y aller.
   2) On y va ?

LEÇON 20

1 ②

2 1) Mange !
   2) Mangeons !
   3) Mangez !

3 1) Regarde cette photo !
   2) Ne regarde pas ici !
   3) Prenons un café.
   4) Prenez votre temps.

4 ②

LEÇON 21

1 ②

2 ②

3 j'en veux

4 A: Elle boit de l'alcool ?
   B: Non, elle n'en boit pas.

5 Vous n'en mangez pas.

6 Ils n'en veulent pas.

LEÇON 23

1 ④

2 en regardant

3 en faisant

4 en buvant du café /
   Ils font leurs devoirs en buvant du café.

5 1) Nous buvons du café en travaillant.
   2) Je fais du sport en écoutant de la musique.

6 Elle regarde la télé en faisant du sport.

LEÇON 24

1 ①

2 1) me
   2) se
   3) vous lavez

3 ②

4 Nous nous lavons après le sport.

LEÇON 25

1

Je	me lève	Nous	nous levons
Tu	te lèves	Vous	vous levez
Il / Elle	se lève	Ils / Elles	se lèvent

2

서로 보다, 만나다	
On	se voit
Nous	nous voyons
Vous	vous voyez
Ils / Elles	se voient

3 (예시 답안) Je me couche à vingt-trois heures.

LEÇON 26

1 1) mangé
   2) regardé
   3) étudié
   4) fini
   5) choisi
   6) réussi

2 1) J'ai fini mes devoirs.
   2) Vous avez choisi ?
   3) Nous avons choisi ce film.
   4) J'ai réussi le DELF !

3 Ils ont fini leurs devoirs

LEÇON 27

1 1) fait
   2) vu
   3) pris
   4) bu
   5) mis
   6) voulu

2 as

3 1) J'ai fait la vaisselle.
   2) Tu as vu ça ?
   3) Nous avons bu avant-hier.
   4) Tu as fait quoi hier ? /
      Qu'est-ce que tu as fait hier ?

4 1) ①
   2) ②
   3) ③

5 ②

6 Je n'ai pas fait la cuisine.

LEÇON 28

1   ②

2   1) arrivé
    2) allé
    3) venu
    4) parti
    5) sorti

3   allée à Paris

4   Tu es allé(e) où pendant les vacances ?

LEÇON 29

1   ②

2   1) ③
    2) ②
    3) ①

3   s'est levée

4   Tu t'es lavé à midi.

5   Vous vous êtes couché(e)(s) à quelle heure ?

6   1) Je me suis levé(e) vers sept heures et demie.
    2) Je me suis couché(e) tard hier.
    3) Ils se sont couchés après le film hier.
    4) Elles se sont lavées à quelle heure ?

LEÇON 31

1   ④

2   ④

3   J'ai un frère qui est plus âgé que moi.

4   C'est moi qui fais du tennis.

5   C'est mon ami qui habite à Paris.

6   1) J'ai une sœur qui a vingt-trois ans.
    2) C'est toi qui fais du piano ?

LEÇON 32

1   ①

2   ②

3   C'est le livre que j'aime.

4   Il aime le café qu'elle fait.

5   Elle a le sac que tu veux.

6   1) Voici le gâteau que j'aime.
    2) Le pantalon qu'il porte est joli.

LEÇON 33

1   1)
Je serai	Nous serons
Tu seras	Vous serez
Il / Elle sera	Ils / Elles seront

   2)
J'aurai	Nous aurons
Tu auras	Vous aurez
Il / Elle aura	Ils / Elles auront

2   1) ②
    2) ③
    3) ①

3   Nous serons ici.

4   J'irai à Paris.

5   Je mangerai de la pizza.

6   1) Tu prendras le métro ?
    2) Je serai à la maison demain.

LEÇON 34

1 1)

J'aimerais	Nous aimerions
Tu aimerais	Vous aimeriez
Il / Elle aimerait	Ils / Elles aimeraient

2)

Je pourrais	Nous pourrions
Tu pourrais	Vous pourriez
Il / Elle pourrait	Ils / Elles pourraient

2 voudrais

3 Je pourrais essayer ce pantalon ?

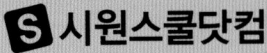